Ursula Engelen-Kefer/Klaus Wiesehügel (Hrsg.)
Sozialstaat – solidarisch, effizient, zukunftssicher

Wilhelm Adamy ist Leiter der Abteilung Arbeitsmarktpolitik und internationale Sozialpolitik im DGB-Bundesvorstand.

Annelie Buntenbach ist Abteilungsleiterin Sozial- und Bildungspolitik beim Bundesvorstand der IG BAU.

Ursula Engelen-Kefer ist stellvertretende Vorsitzende des Deutschen Gewerkschaftsbundes.

Nadine Franz ist Bürokauffrau, Schering AG Berlin; ehemalige Vorsitzende der Jugend- und Auszubildendenvertretung; Mitglied der Tarifkommission der Industriegewerkschaft Bergbau, Chemie, Energie (IG BCE).

Ute Klammer ist Referatsleiterin für Sozialpolitik im Wirtschafts- und Sozialwissenschaftlichen Institut in der Hans-Böckler-Stiftung.

Wolfgang Scheremet war Leiter der Abteilung Wirtschafts- und Tarifpolitik beim DGB-Bundesvorstand.

Manfred Schoch ist Gesamtbetriebsratsvorsitzender von BMW und Mitglied der IG Metall.

Heinz Stapf-Finé ist Abteilungsleiter Sozialpolitik beim DGB-Bundesvorstand.

Klaus Wiesehügel ist Vorsitzender der Industriegewerkschaft Bauen-Agrar-Umwelt (IG BAU).

Ursula Engelen-Kefer/
Klaus Wiesehügel (Hrsg.)

Sozialstaat – solidarisch, effizient, zukunftssicher

Alternativen zu den Vorschlägen der Rürup-Kommission

VSA-Verlag Hamburg

www.vsa-verlag.de

Titelfoto: Erik Dreyer
Druck- und Buchbindearbeiten: Druckerei Runge, Cloppenburg
ISBN 3-89965-052-2

Inhalt

Ursula Engelen-Kefer/
Klaus Wiesehügel

Vorwort

Seit dem 13. Dezember 2002 tagte die Kommission für die Nachhaltigkeit in der Finanzierung der Sozialen Sicherungssysteme. 26 Sachverständige aus Wissenschaft, Politik und Verbänden stritten mehr oder weniger kontrovers unter dem Vorsitz von Prof. Dr. Bert Rürup um Lösungsvorschläge für die Zukunftssicherung des Sozialstaats.

Die UnterzeichnerInnen des im Folgenden dokumentierten Minderheitenvotums arbeiteten konstruktiv, aber auch kritisch mit. Sie waren sich stets der Gefahr bewusst, die daraus erwuchs, dass diese Kommission als ein politisches Instrument diente. Sie mussten sich gegen die Vereinnahmung für Überlegungen und Vorschläge schützen, die ihren politischen Grundüberzeugungen zuwiderlaufen. So machten sie während des gesamten Diskussionsprozesses immer wieder klar, dass sie den generellen Ansatz der Kommissionsmehrheit ablehnen, über Leistungskürzungen, die einseitig zulasten der Versicherten gehen, die Herausforderungen der demographischen Veränderungen und des Wandels der Arbeitswelt bestehen zu wollen: Dieser Ansatz löst die Probleme nicht dauerhaft und ist deswegen auch nicht nachhaltig. Vor allem trägt er dazu bei, dass die Sicherungssysteme immer weniger ihren Aufgaben gerecht werden können.

Es ist angesichts der grundsätzlichen Kritik nur konsequent, ein Minderheitenvotum zum Bericht der Kommission vorzulegen. Zur Begleitung der Mitarbeit von Ursula Engelen-Kefer, Nadine Franz, Manfred Schoch und Klaus Wiesehügel in der Kommission hat der Deutsche Gewerkschaftsbund eine Arbeitsgruppe einberufen. Sie war in die Erstellung dieses Votums eng eingebunden. Wir danken allen Mitgliedern der Arbeitsgruppe für die Beratung und die vielen hilfreichen Debatten. Ein besonderer Dank gilt auch der Redaktionsgruppe, die die Erstellung des Minderheitenvotums unterstützt hat.

Im Folgenden wird das Minderheitenvotum (das Kommissionsmitglied Frank Nullmeier, Professor am Zentrum für Sozialpolitik, Universität Bremen, unterstützt die Kapitel 1., 2., 3. und 4. sowie die Abschnitte 5.2, 5.4, die Ausführungen zu einer obligatorischen betrieblichen Altersvorsorge in Abschnitt 5.7 und die Abschnitte 6.2 und 6.4) dokumentiert. Im zweiten Teil befinden sich ergänzende Debattenbeiträge zu Themen, die in der Begleitarbeitsgruppe des DGB eine wichtige Rolle spielten und die Fragestellungen behandeln, die in der Arbeit der Kommission vernachlässigt wurden.

Wir wünschen uns, dass das Minderheitenvotum zu einer Debatte in den Gewerkschaften und in der Gesellschaft insgesamt beiträgt. Damit machen wir deutlich: Es gibt Alternativen zum Sozialabbau. Sozialpolitik wird sich auch zukünftig mit Verteilungsfragen beschäftigen müssen. Damit es bei den damit verbundenen Auseinandersetzungen friedlich und gerecht zugeht, brauchen wir auch in Zukunft starke Gewerkschaften.

Im Juli 2003

Ursula Engelen-Kefer/Nadine Franz/
Manfred Schoch/Klaus Wiesehügel

Minderheitengutachten zu den Vorschlägen der Rürup-Kommission

1. Einführung: Herausforderungen – Ziele – Leitbild – Lösungen

Der Sozialstaat in Deutschland steht vor großen Herausforderungen: Die Bevölkerungsstruktur wandelt sich, die Zahl der älteren Menschen wächst. Die Erwerbsbiografien verändern sich, weil in Deutschland bereits seit Jahrzehnten Massenarbeitslosigkeit herrscht, aber auch, weil die Menschen andere Erwartungen an ihr Berufsleben stellen und die Unternehmen zunehmend Flexibilität von ihren ArbeitnehmerInnen abverlangen. Die starke Abhängigkeit der Finanzierungsbasis der Sozialversicherungen von der Arbeitsmarktentwicklung führt zu Erschütterungen des Systems in Krisenzeiten. Die gesellschaftlichen Leitbilder und Realitäten für die privaten Biografien unterscheiden sich von denen vergangener Jahrzehnte. Die Sicherungssysteme müssen »europatauglich« gemacht werden und sich im Rahmen der »Offenen Koordinierung« weiterentwickeln. Viele stehen außerhalb der solidarischen Finanzierung der Sozialen Sicherungssysteme; zusätzlich leidet die Legitimität der Sozialversicherung unter der Zersplitterung der Systeme. Viele gesamtgesellschaftliche Aufgaben – insbesondere die Familienpolitik und die Finanzierung der Deutschen Einheit – werden außerdem über die Versicherungssysteme und in zu geringem Umfange über Steuern finanziert. Damit ist der Reformbedarf umrissen: Auf alle diese Aspekte und Veränderungen müssen die sozialen Sicherungssysteme reagieren, wenn sie auch in Zukunft finanzierbar sein und die notwendige Sicherheit für die Menschen bieten sollen.

Die Weiterentwicklung der Sozialen Sicherung stellt eine zentrale Aufgabe für die politisch Verantwortlichen dar. Die sozialen Sicherungssysteme tragen einen großen Anteil an der Gestaltung des gesellschaftlichen Zusammenlebens. Sie verteilen über die Zeit und zwischen verschiedenen Personengruppen Einkommen und Teilhabechancen. Der über die Jahrzehnte seines Bestehens hinweg weiterentwickelte Wohlfahrtsstaat hat sich große Verdienste darum erworben, gesellschaftliche Solidarität mit individueller Verantwortung und Freiheit in Einklang zu bringen. Die notwendige Weiterentwicklung der Sozialsysteme muss darauf zielen, dass sie diese Aufgabe auch in Zukunft wahrnehmen können.

Die in der Kommission für die Nachhaltigkeit in der Finanzierung der Sozialen Sicherungssysteme (im Folgenden kurz »Rürup-Kommission«) behandelten Systeme – gesetzliche Krankenversicherung, gesetzliche Rentenversicherung und gesetzliche Pflegeversicherung – umfassen Einnahmen und Ausgaben in Höhe von ca. 380 Mrd. Euro (im Jahr 2001; vgl. Bundesministerium für Gesundheit und Soziale Sicherung 2003). Diese Summe entspricht 18,3% des Bruttoinlandsprodukts. Allein diese Zahlen, aber auch die skizzierten Herausforderungen machen klar, dass die Sozialsysteme unter dauerhaftem Legitimationsdruck bleiben werden und sich permanent anpassen müssen. Dass sie dies können, haben sie in den vergangenen Jahrzehnten bewiesen.

Aus den skizzierten Herausforderungen (ausführlicher dargestellt im Kapitel 2 dieses Gutachtens) ergeben sich komplexe Ziele für eine wirklich nachhaltige Reform des Sozialstaats:

- Moderne Soziale Sicherungssysteme müssen auch die gewandelten, fragmentierten und flexiblen Lebens- und Erwerbsverläufe absichern können. Sicherungslücken und Armut können durch ein darauf eingestelltes Sicherungssystem vermieden werden. Dies ist auch zur Schaffung von mehr Geschlechtergerechtigkeit notwendig, da Frauen in einem nur auf Berufstätigkeit ausgerichteten Sicherungssystem strukturell benachteiligt werden.
- Die Sozialen Sicherungssysteme müssen so weiterentwickelt werden, dass sie mit den demographischen Veränderungen umgehen können. Kein Sicherungssystem kann »demographieresistent« sein – aber es kann in die Lage versetzt werden, für eine solidarische Verteilung der Lasten der alternden Gesellschaft zu sorgen.
- Die Sozialen Sicherungssysteme müssen die Freizügigkeit der Menschen auf den europäischen Arbeitsmärkten flankieren und Sicherungslücken verhindern. Die im Prozess der Offenen Koordinierung erarbeiteten Ziele – wie Angemessenheit der Renten oder Qualitätssteigerung im Bereich der Gesundheitsversorgung – müssen aktiv umgesetzt werden. Die Tendenz, durch den Stabilitätspakt eine rein fiskalische Sicht auf sozialpolitische Fragen zu erzwingen, muss ebenso abgewehrt werden wie zu großer Harmonisierungsdruck im Prozess der Offenen Koordinierung.

- Die Sozialen Sicherungssysteme müssen ihre Legitimität erhöhen. Die Aufgaben des Sozialstaats sind systemgerecht zu finanzieren. Die Fragmentierung der Systeme muss verringert, Ausweichtendenzen müssen weitgehend verhindert werden.

Die Rürup-Kommission beschränkte sich weitgehend darauf, mit Kürzungsvorschlägen auf die demographischen Veränderungen zu reagieren. Die AutorInnen des Gutachtens hingegen sind davon überzeugt, dass tiefgreifende Reformen notwendig sind, damit der Sozialstaat den Herausforderungen gerecht werden und die genannten Ziele erreichen kann. Wir schlagen deshalb vor (vgl. Kapitel 3),

- eine Debatte darüber zu führen, ob die Sozialversicherungssysteme mittel- und langfristig zu einer Erwerbstätigenversicherung ausgebaut werden sollen, an deren Finanzierung sich alle Erwerbstätigen beteiligen und in deren Schutz sie alle gemeinsam einbezogen werden (siehe Abschnitt 3.1);
- zu prüfen, ob eine Familienkasse errichtet werden soll, aus deren Topf die familienpolitischen Leistungen des Sozialstaats finanziert werden (siehe Abschnitt 3.3); und
- die systemgerechte Finanzierung der anderen gesamtgesellschaftlichen Leistungen zu verwirklichen (siehe Abschnitt 3.3).

Darüber hinaus müssen auch die Rahmenbedingungen des Sozialstaats verbessert werden. Die Leistungskraft der Volkswirtschaft ist ausschlaggebend für den gesellschaftlichen Verteilungsspielraum. In einer produktiven, innovativen und wirtschaftlich gesunden Gesellschaft werden die Konflikte um Ressourcen geringer ausfallen, als wenn wir den Abwärtstrend der vergangenen Jahre fortsetzen. Deshalb ist die Sicherstellung der wirtschaftlichen Erneuerungsfähigkeit und der zielgerichtete makroökonomische Einfluss der Politik auf die wirtschaftliche Entwicklung von so großer Bedeutung. Ein höheres Bildungsniveau, eine bessere Qualifizierung der Erwerbsfähigen und die Erhöhung der Erwerbsquote in allen arbeitsfähigen Personengruppen – insbesondere unter den jungen Menschen, bei den Frauen und den älteren ArbeitnehmerInnen – ermöglichen der Gesellschaft und der Wirtschaft, den gemeinsamen Herausforderungen gerecht zu werden (vgl. Abschnitt 2.6).

2. Herausforderungen und Ziele

2.1 Gesellschaft im Wandel

Die Gesellschaft und ihre Arbeitswelt wandeln sich. Diskontinuitäten im privaten und beruflichen Lebenslauf häufen sich – als Folge von erzwungener Flexibilität, aber auch als Folge selbstgewählter Individualisierung.

Die Arbeitgeber zwängen die ArbeitnehmerInnen mit ihren betriebsexternen wie -internen Flexibilisierungsstrategien in die Rolle von »ArbeitskraftunternehmerInnen« (WSI 2001, S. 8). Das gewandelte Rollenverständnis der Geschlechter und die veränderten Lebensbedingungen führen zu einer stärkeren Erwerbsbeteiligung von Frauen. Frauen weisen weit mehr Unterbrechungsphasen auf als Männer, da sie in ihren Lebensläufen häufig Familien- und Berufsarbeit kombinieren. Zudem führt die lang anhaltende Massenarbeitslosigkeit zu Brüchen und Sicherungslücken in den Erwerbsverläufen vieler Betroffener.

Das Normalarbeitsverhältnis – die unbefristete Vollzeitbeschäftigung – hat zwar in absoluten Zahlen nicht an Bedeutung verloren, hinzugekommen sind aber die Beschäftigten, die in mehr oder minder prekären, jedenfalls atypischen Tätigkeiten arbeiten: als geringfügig und sozialversicherungspflichtige Teilzeitbeschäftigte, in befristeten Beschäftigungen, als ZeitarbeitnehmerInnen oder Selbständige.[1]

Der Anteil der *Teilzeit-Erwerbstätigen* an allen Beschäftigten stieg in der alten Bundesrepublik von 12,4% (1985) auf 21,4% (2000). Bei Männern verdoppelte sich die Teilzeitquote von 1990 bis 2000 auf 5,5%, die Teilzeitquote unter den Frauen legte im selben Zeitraum um knapp 7% auf 41,4% zu. In Ostdeutschland ist die Teilzeitquote insgesamt deutlich geringer (12,3%), aber auch hier ist eine Aufwärtsentwicklung sichtbar (Frauen: 22,4%; Männer: 4,1%). Die Zahl der ausschließlich *geringfügigen Beschäftigungsverhältnisse* ist deutlich gestiegen: im Westen von 3,8% (1995) auf 7,3% (2000); im Osten von 1,0% auf 3,3%. Auch die Zahl der *Selbständigen* ohne Arbeitnehmer hat zugenommen, im Westen von 3,1% (1988) auf 4,5% (1998). Insgesamt beträgt die Zahl aller Selbständigen 10,3% im Westen und 8,4% in Ostdeutschland. Immerhin 4,5% aller abhängig Beschäftigten in Westdeutschland waren schon einmal selbständig (im Osten: 3,3%; Zahlen von 1998/99).

[1] Die Zahlen im Folgenden stammen aus WSI: Flexicurity: Soziale Sicherung und Flexibilisierung der Arbeits- und Lebensverhältnisse, Düsseldorf 2001

Diskontinuität schlägt sich vor allem auch in der Betroffenheit von Arbeitslosigkeit nieder: 1999 sind 31,4% aller Erwerbstätigen in Deutschland mindestens einmal arbeitslos gewesen; in Ostdeutschland betrug die Quote sogar 43,3%. Während in Westdeutschland dabei kein wesentlicher Unterschied zwischen Frauen und Männern auftritt, beträgt er im Osten immerhin 5,1% (Männer 41,1%; Frauen: 46,2%). Auffällig ist auch, dass die Betroffenheit von Arbeitslosigkeit eine Generationenfrage ist: Die Geburtsjahrgänge vor 1945 haben nur zu etwa einem Fünftel Erfahrungen mit Arbeitslosigkeit gesammelt (Westdeutschland). Bei den Jahrgängen danach kommt es zu einem auffälligen Zuwachs. So waren im Westen 33% der Beschäftigten aus den Jahrgängen 1956-65 mindestens einmal von Arbeitslosigkeit betroffen. Zu den absoluten (negativen) Spitzenreitern gehören die heute 25-50jährigen Ostdeutschen: Fast jeder Zweite hatte 1999 Erfahrungen mit Arbeitslosigkeit. Diese Zahl hat sich zweifelsohne in den letzten Jahren noch weiter erhöht.

Auf diese Entwicklungen hat zuvörderst die Arbeitsmarkt- und Beschäftigungspolitik zu reagieren. Doch auch die sozialen Sicherungssysteme müssen darauf Antworten finden, um dem Zwang zur Flexibilität eine verlässliche soziale Sicherung gegenüberstellen zu können.

Neben der erzwungenen Fragmentierung und der freiwilligen Flexibilisierung der Erwerbsbiografien beobachten wir auch eine radikale Veränderung privater und familiärer Lebensverläufe. Die Menschen heiraten später. Jede dritte Ehe wird geschieden, aber auch die Zahl der Wiederverheirateten ist stark gestiegen. Bei einer durchschnittlichen Geburtenrate von ca. 1,4 Kindern wird ein wachsender Anteil von Menschen im Alter kinderlos und ohne Enkel sein.

Gleichzeitig wollen fast alle Eltern im Alter auf die Hilfe ihrer Kinder verzichten. Dies hat Folgen für den Generationenvertrag und die Umlagefinanzierung. Aber auch ganz praktische Aspekte müssen bedacht werden, wie beispielsweise die zukünftig zunehmende Bedeutung von institutioneller Pflege, die mehr und mehr die Unterstützung durch pflegende Familienangehörige ersetzen wird. Insbesondere Frauen, deren Krankenversicherung und Alterssicherung heute noch in hohem Maße von den Ansprüchen ihrer Ehegatten abgeleitet werden, sind darauf angewiesen, stärker auf eine eigenständige Absicherung bauen zu können.

Die sozialen Sicherungssysteme sind nur dann wirklich zukunftsfähig gestaltet, wenn sie auch auf die Veränderungen von beruflichen und privaten Lebensläufen reagieren können und Sicherungslücken vermeiden oder kompensieren. Auch Ausweichbewegungen aus den Sicherungssystemen heraus – die bei zunehmender Vielfalt der Erwerbsformen erleichtert werden – müssen vermieden werden.

Die Rürup-Kommission beschäftigte sich lediglich mit solchen Maßnahmen, die durch Leistungsverkürzung auf die demographischen Veränderungen reagieren. Eine solche Strategie greift schon bezüglich der Veränderungen der Bevölkerungsstruktur zu kurz – wie im nächsten Abschnitt skizziert wird. Zusätzlich bleiben die Vorschläge der Rürup-Kommission auch deswegen Stückwerk, da sie die bereits vorhandenen neuen und sich weiter verändernden Sicherungsbedürfnisse nicht berücksichtigen.

2.2 Veränderung der Bevölkerungsstruktur

Die Bevölkerung in Deutschland altert. Dieser Prozess hält schon seit langem an. In den nächsten Jahrzehnten wird sich der Anteil Älterer in der Gesellschaft weiter erhöhen:

Zum einen folgten in der zweiten Hälfte des 20. Jahrhunderts der »Babyboom« und der »Pillenknick« aufeinander. Die Geburtenrate verharrt im Westen seitdem auf einem niedrigen Niveau von ca. 1,4 Kindern pro Frau; in Ostdeutschland sank sie nach der Wiedervereinigung auf einen noch niedrigeren Wert und nähert sich langsam an den West-Wert an.

Zum anderen erleben wir eine scheinbar unaufhaltsame Verlängerung der durchschnittlichen Lebenserwartung. Dies führt zu einer Kumulation von demographischen Lasten ab dem Jahr 2020. Dann nämlich kommen die Babyboom-Jahrgänge ins Rentenalter, und dies mit einer – erfreulich – langen Lebenserwartung.

Dadurch wandelt sich die Altersstruktur der Bevölkerung. Kommen heute auf 100 Menschen im Alter von 25 bis 65 ca. 29 Personen über 65 Jahre, werden dies im Jahr 2030 fast 51 sein (vgl. Deutscher Bundestag [Hrsg.] 2002a, S. 55 und 66). Dies heißt, dass die Zahl der von den Erwerbstätigen zu versorgenden älteren Menschen um ca. 75% zunehmen wird. Die Arbeitswelt wird vor neue Herausforderungen gestellt, weil ein steigender Anteil der Erwerbstätigen zu den Älteren gehören wird. Bis 2020 wird der Anteil der 50-65jährigen an allen Personen zwischen 20 und 65 auf 39,5% steigen – heute sind es gerade mal 30,4% (vgl. Statistisches Bundesamt 2000, S. 17). Danach, wenn die geburtenstarken Jahrgänge des Babybooms in Rente gegangen sind, wird der Anteil der über 50jährigen an allen Erwerbsfähigen wieder abnehmen.

Langfristig wird der Zugang an neuen Arbeitskräften den Abgang von älteren ArbeitnehmerInnen in den Ruhestand nicht mehr ersetzen können. Ab wann der Produktionsfaktor Arbeitskraft knapp wird, ist umstritten – wahrscheinlich im Zeitraum nach 2015. In jedem Fall werden die ArbeitnehmerInnen ab 50 schon bald eine zunehmend wichtige Rolle in den Betrieben und auf dem Arbeitsmarkt spielen. Eine hohe Erwerbstätigenquote unter den älteren ArbeitnehmerInnen wird zum Erhalt des Produktionspotenzials und der Konsumnachfrage in der Volkswirtschaft notwendig sein. Darauf müssen sich die Betriebspartner einstellen und die Schaffung von alternsgerechten Arbeitsplätzen, die gesundheitliche Prävention und lebenslanges Lernen zu zentralen Aktionsfeldern machen.

Eine Gesellschaft, die geprägt ist von aktiven Alten, wird anders aussehen als eine Gesellschaft, in denen Alte in der Minderheit waren und viel geringere Möglichkeiten zur Gestaltung des eigenen Alltags hatten. Die Wirtschaft wird ihre Angebote und Produkte zunehmend den Bedürfnissen von älteren Menschen anpassen müssen. Dies eröffnet Chancen, erhöht aber auch den Innovationsdruck. Dasselbe gilt für die sozialen Dienstleistungen von Staat und Gesellschaft.

Die demographische Entwicklung und die Beherrschbarkeit der Lasten aus der veränderten Bevölkerungsstruktur sind gestaltbar. Eine moderne Familienpolitik, die die Verwirklichung der vorhandenen Kinderwünsche unterstützt, und eine Arbeitsmarkt- und Beschäftigungspolitik, die eine hohe Erwerbsquote von Frauen ermöglicht, erleichtern nicht nur die Vereinbarkeit von Familie und Beruf, sondern schaffen zusätzliche Arbeitsplätze und steigern nach den internationalen Vergleichen auch die Geburtenrate (Deutscher Bundestag [Hrsg.] 2002b, S. 319). Von großer Bedeutung ist auch die Ausschöpfung des Erwerbspersonenpotenzials unter jungen und älteren Personen. Das Verhältnis von BeitragszahlerInnen und RentnerInnen würde sich damit weniger negativ verändern als das Verhältnis von über 65jährigen zu den 20-64jährigen. Eine offensive, gesteuerte und humane Zuwanderungspolitik kann zudem den künftigen Altersaufbau der Gesellschaft positiv verändern. Ein weiterer wichtiger Handlungsansatz zur Bewältigung der kommenden Alterslasten ist, die Produktivität der erwerbstätigen Bevölkerung – und der Wirtschaft insgesamt – Jahr für Jahr zu erhöhen. Eine produktive und innovative Volkswirtschaft schafft den Verteilungsspielraum, um der älteren, nicht mehr berufstätigen Bevölkerung den verdienten Ruhestand zu ermöglichen und ihre durch Beiträge zur gesetzlichen Rentenversicherung erworbenen Rechtsansprüche befriedigen zu können.

Aus den skizzierten demographischen Veränderungen ergeben sich Herausforderungen und neue Ziele für die Soziale Sicherung. Demographieresistenz wird es nicht geben können, weil eine wachsende Ruhestandsgeneration in jedem Fall auch einen größeren Anteil am Volkseinkommen in Anspruch nehmen wird. Die steigende Zahl von RentnerInnen sorgt für einen höheren Finanzierungsaufwand in der gesetzlichen Rentenversicherung – genauso wie die zunehmende Zahl von Pflegebedürftigen in der Pflegeversicherung zu einer höheren Last führen wird.

> Das Sicherungssystem muss *demographiefester* werden, ohne seine solidarische Funktion zu verlieren. Die zusätzlichen Kosten können generationsübergreifend und solidarisch geschultert oder privatisiert werden. Auf diese strategischen Optionen muss die Gesellschaft eine Antwort finden. Es geht um »klassische« Verteilungsfragen, da die Lasten zu dem Zeitpunkt, zu dem sie eintreten, immer aus der laufenden Wertschöpfung der Volkswirtschaft getragen werden müssen.

Ein demographiefesteres und solidarisches Sicherungssystem muss so gestaltet sein, dass die Kosten der demographischen Veränderungen nicht unangemessen steigen und nicht zu ungerechten Wohlstandsverlusten führen – und zwar weder bei den älteren noch bei den jüngeren Bürgerinnen und Bürgern. Die Lasten der Bevölkerungsveränderungen sind deshalb auf möglichst viele Schultern zu verteilen.

2.3 Europäische Koordinierung des Sozialschutzes

Die europäische Integration stellt eine dritte zentrale Herausforderung für die Reform des Sozialstaats dar. Zum einen bleibt die unbürokratische und lückenlose Absicherung von Erwerbsbiografien, die in mehreren europäischen Staaten stattfindet bzw. stattgefunden hat, eine Daueraufgabe für die Sozialpolitik. Zum anderen übt der Stabilitätspakt, der die Europäische Währungsunion flankiert, in sozialpolitischen Fragen hohen Druck auf die Regierungen aus. Auch deswegen folgen in vielen europäischen Ländern die nationalen Reformstrategien dem Primat der Haushaltskonsolidierung. Zum dritten soll nach dem Modell der EU-Beschäftigungspolitik die Zusammenarbeit zwischen den Mitgliedsstaaten in der sozialen Sicherung durch die Anwendung der offenen Methode der Koordinierung vertieft werden. Während man sich in der Altersvorsorge bereits auf gemeinsame europäische Ziele verständigen konnte, ist die Zusammenarbeit in der Gesundheitssicherung noch auf den »kooperativen Austausch« von Erfahrungen beschränkt.

Mit der offenen Methode der Koordinierung sollen auf der Grundlage gemeinsamer Ziele nationale Reformprozesse beschleunigt werden, wobei dabei unseres Erachtens den historischen und kulturellen Entwicklungslinien des Sozialstaats der jeweiligen Mitgliedsstaaten Rechnung zu tragen ist. Damit werden gleichzeitig neue Perspektiven für die nationale Sozialpolitik durch gegenseitiges Lernen eröffnet. Trotz der Unterschiede in der Ausgestaltung des Sozialstaats ist sich Europa des gemeinsamen Erbes des Sozialstaats bewusst. Dazu gehört die Erkenntnis, dass die sozialen Sicherungssysteme nur durch einen hohen Beschäftigungsgrad langfristig gesichert werden können. Dabei sind vor allem die Integration der Frauen in den Arbeitsmarkt und die Vereinbarkeit von Familie und Beruf erklärte Ziele der europäischen Politik.

In der Rentenpolitik hat man sich auf die Ziele Angemessenheit, finanzielle Nachhaltigkeit und Modernisierung der Rentensysteme verständigt. Die Rentensysteme sollen den Lebensstandard sichern, Armut vermeiden und die Solidarität innerhalb und zwischen den Generationen fördern. Im Bereich der Gesundheitssicherung und Pflege wurde ein »kooperativer Austausch« begonnen, bei dem neben der Nachhaltigkeit der Finanzierung die Zugänglichkeit und die Qualität im Mittelpunkt stehen. Der Ansatz der Rürup-Kommission, sich nur mit dem Aspekt der nachhaltigen Finanzierung zu beschäftigen, vernachlässigt damit die vom Rat formulierten sozialpolitischen Ziele.

In der Offenen Koordinierung spielen das Benchmarking und das Lernen von »Best Practices«, wie angedeutet, eine wichtige Rolle. So zeigen Beispiele aus den skandinavischen Ländern, dass eine hohe bzw. steigende Erwerbsquote der Frauen positive Wirkungen auf die sozialen Sicherungssysteme hat. Alle europäischen Länder sind mit der Reform der Alterssicherungssysteme befasst und sehen sich vergleichbaren Problemen in Folge des demographischen Wandels und der Krise des Arbeitsmarkts gegenüber. Wichtige Anregungen für die deutsche Debatte können unter anderem in Schweden, Holland und Dänemark gewonnen werden: Die Einführung einer obligatorischen kapitalgedeckten Vorsorge sichert hier in Ergänzung eines angemessenen gesetzlichen Systems das Rentenniveau der Zukunft. Der Ausgestaltung der betrieblichen Alterssicherung (2. Säule) wird in der sozialpolitischen Diskussion in Deutschland eine große Bedeutung zukommen, um den ArbeitnehmerInnen gleichzeitig das mögliche Höchstmaß an Sicherheit für die Anlagen am Kapitalmarkt und langfristig angemessene Renditen zu ermöglichen.

Die Anregungen, die im Prozess der Offenen Koordinierung entstehen, müssen für die nationale Debatte nutzbar gemacht werden. In diesem Prozess sind die nationalen Erfahrungen und Traditionen zu achten. Die Reformdebatte darf dabei nicht unter dem Primat oder dem Diktat des Stabilitätspakts stehen.

2.4 Wirtschaftliche Entwicklung und Arbeitsmarkt

Der Sozialstaat steht in hoher Abhängigkeit zum gesellschaftlichen Wohlstand und zur wirtschaftlichen Leistungsfähigkeit. Nehmen sie zu, entsteht größerer Verteilungsspielraum. Bei stagnierendem oder abnehmendem Wohlstand nehmen Problemdruck und Ausgaben für den Sozialstaat zu, und dies bei häufig sinkenden Einnahmen der Sicherungssysteme.

Die aktuelle Reformdiskussion wird unter dem Eindruck der aktuellen – schwierigen – Rahmenbedingungen geführt. Auch die Einberufung der Rürup-Kommission selbst ist Folge der derzeitigen Krisenstimmung und -situation. Deutschland durchlebt eine lang anhaltende Phase der wirtschaftlichen Schwäche und der Massenarbeitslosigkeit. Zudem belasten die fehlerhaften finanz- und wirtschaftspolitischen Entscheidungen in Zusammenhang mit der Deutschen Einheit die Sozialversicherungssysteme. Massenarbeitslosigkeit und Fehlfinanzierung gesamtgesellschaftlicher Probleme sind gemeinsam die Hauptursachen für die gegenwärtigen Finanzierungsprobleme bei der Renten-, Kranken- und Arbeitslosenversicherung. Statt diese Rahmenbedingungen des Sozialstaats zu verändern, entstand in den vergangenen Jahren – fast paradoxerweise – vor allem hoher Veränderungsdruck auf die Strukturen und Leistungen des deutschen Wohlfahrtsstaats.

Seit der Wiedervereinigung sind die *direkten und indirekten Kosten der Arbeitslosigkeit* dramatisch gestiegen. Erst seit wenigen Jahren ist ein leichter Rückgang der Gesamtkosten zu verzeichnen, was nicht etwa an sinkenden Arbeitslosenzahlen liegt, sondern daran, dass die Kosten pro »Fall« gesunken sind – insbesondere durch Leistungskürzungen.

Direkte Kosten entstehen in der Bundesanstalt für Arbeit (BA) für Lohnersatzleistungen und für aktive Arbeitsmarktpolitik, beim Bund für die Arbeitslosenhilfe sowie bei den Kommunen für Sozialhilfe und Wohngeld. Bei den Gebietskörperschaften entstehen außerdem *indirekte* Kosten durch den Ausfall von Steuern, weil Arbeitslose kaum Einkommensteuern und weniger Verbrauchsteuern zahlen. Bei den Sozialversicherungen entstehen ebenfalls Einnahmeverluste, da Arbeitslose keine (bei der BA) bzw. niedrigere Beiträge zahlen, als wenn sie sozialversicherungspflichtig wären.

Tabelle 1: Kosten der Arbeitslosigkeit nach Trägern (ohne aktive Arbeitsmarktpolitik; in Mrd. Euro)

	1990[2]	1996[3]	2001
Bundesanstalt für Arbeit	10,71	31,1	27,1
Gebietskörperschaften	11,76	34,8	29,8
Sozialversicherungsträger[4]	5,59	13,7	13,5
Gesamtkosten	28,06	79,7	70,4

Die im Jahr 2001 entstandenen gesamtfiskalischen Kosten in Höhe von 70,4 Mrd. Euro (im Vergleich: 1996) verteilen sich wie folgt:

Tabelle 2: Kosten der Arbeitslosigkeit nach Funktionen (ohne aktive Arbeitsmarktpolitik; in Mrd. Euro)

	1996	2001
Alg/Alhi	37,6 davon 12 Alhi (inkl. SV-Beiträge); Netto-Alhi: 6,7	34,0 davon 12,5 Alhi (inkl. SV-Beiträge); Netto-Alhi: 8,2
Sozialhilfe und Wohngeld	5,5	4,6
Mindereinnahmen Steuern	17,2	13,5
Mindereinnahmen bei BA, gRV, gKV und gPV	19,3	18,4
Gesamtkosten	79,7	70,4

Die Mindereinnahmen bei den Sozialversicherungen allein entsprachen im Jahr 2001 ca. 2,3 Beitragssatzpunkten.[5] Berücksichtigt man die Ausgaben für Arbeitslosengeld, ergab sich eine weitere Kostenbelastung durch die Arbeitslosigkeit in Höhe von 2,8 Beitragssatzpunkten. Dies heißt, von ca. 42% Beitrag waren 2001 5,1 Punkte auf die Kosten der Arbeitslosigkeit zurückzuführen. Die letzte Runde der Beitragserhöhungen bei den Renten- und Krankenversicherungen geht zu einem hohen Anteil auf die steigende Arbeitslosigkeit zurück. Insbesondere bei der gesetzlichen Rentenversicherung stellten zuletzt nicht steigende Ausgaben, sondern die einbrechenden Einnahmen den beitragssatztreibenden Faktor dar.

---

[2] Zahlen aus BT-Drs. 13/7325 vom 18.3.1997.

[3] IAB-Zahlen, ebenfalls bei 2001.

[4] Einnahmeverluste bei der gesetzlichen Renten- (GRV), Pflege- (GPV) und Krankenversicherung (GKV).

[5] Faustregel: ein Beitragssatzpunkt entspricht in etwa 8 Mrd. Euro Einnahmen.

Diese Kosten der Arbeitslosigkeit – die die langanhaltende Wirtschaftsschwäche widerspiegeln – führen insbesondere auch deswegen zu weiteren negativen Folgen in der wirtschaftlichen und arbeitsmarktlichen Entwicklung, weil sie in überwiegendem Maße dem Arbeitnehmereinkommen aufgebürdet werden. KapitaleinkommensbesitzerInnen und Unternehmen werden kaum zur Finanzierung herangezogen. Die Belastung von Gewinn- und Kapitaleinkommen sank von ca. 34% im Jahr 1977 auf den historischen Tiefststand von 15% im Jahr 2002 (bezogen auf die jeweiligen Einkommen). Sie trugen im Jahr 1999 noch 21,8% zum Steueraufkommen bei; 2003 werden es in etwa 17,5% sein – und dies bei steigenden Anteilen der Gewinn- und Kapitaleinkommen am Bruttoinlandsprodukt. Dies heißt auch, dass das Arbeitnehmereinkommen einen überproportionalen und ständig steigenden Anteil an den Lasten tragen muss, die durch Wirtschaftsschwäche und Massenarbeitslosigkeit entstehen.

Aus den oben genannten Gründen wird ein Sozialstaat nie konjunkturresistent sein – ebenso wenig, wie er völlige Demographieresistenz entwickeln kann. Was heute gilt, trifft auch für die Zukunft zu: Die Finanzierung der Sozialen Sicherungssysteme kann nur sichergestellt werden, wenn nicht nur die Ausgabenseite, sondern auch die Einnahmeseite politisch gestaltet und stabilisiert wird.

Ein zukunftsfähiger Sozialstaat muss auf eine Finanzierungsbasis gestellt werden, die auf dem tatsächlich vorhandenen Wohlstand einer Gesellschaft beruht. Durch diese breitere Finanzierungsbasis gewinnt der Sozialstaat mehr Konjunkturfestigkeit. Eine beschäftigungsfreundliche, wachstumssteigernde Wirtschafts- und Finanzpolitik hilft die Ausgaben- und Einnahmeseite der Sozialen Sicherungssysteme unter Kontrolle zu halten.

2.5 Solidarische und systemgerechte Finanzierung sozialstaatlicher Aufgaben

2.5.1 Finanzierung gesamtgesellschaftlicher Aufgaben

Die Diskussion über die so genannten versicherungsfremden Leistungen läuft schon seit mehreren Jahrzehnten. Sie verstärkte sich seit der Deutschen Einheit (siehe Abschnitt 2.5.2). Seit diesem historischen Ereignis ist der Umfang der Leistungen gestiegen, die im System der Sozialversicherungen finanziert werden, obwohl sie eindeutig dem Bereich gesamtgesellschaftlicher Aufgaben zugerechnet werden müssen. Dies betrifft all jene Leistungen, an denen gesamtgesellschaftliches Interesse besteht – oder eine gesamtgesellschaftliche Verpflichtung –, die aber nur durch Sozialversicherungsbeiträge getragen werden. Neben der Finanzierung der Wiedervereinigungslasten gehören die familienpolitischen Maßnahmen, die im System der Sozialversicherungen organisiert werden, zu den großen Aufgabenblöcken, die zu beachtlichen Teilen nicht systemgerecht über Steuern, sondern über Beiträge finanziert werden. Die bevölkerungspolitischen Herausforderungen und Risiken können nicht einer geschrumpften Versichertengemeinschaft aufgelastet werden. Sie gehen alle Bürger an, da sie gemeinsam Interesse daran haben, dass die Menschen ihre Kinderwünsche erfüllen und ihrem Nachwuchs gute Lebenschancen bieten.

Der Umfang gesamtgesellschaftlich zu finanzierender Leistungen ist teilweise umstritten. Unzweifelhaft als gesamtgesellschaftliche Aufgaben gelten das Mutterschaftsgeld, die Anti-Baby-Pille und das Sterbegeld sowie die Maßnahmen der aktiven Arbeitsmarktpolitik. Bei einer derart engen Definition der gesamtgesellschaftlich zu finanzierenden Leistungen kommt man auf etwa 2,5%-Punkte, um die der Gesamtsozialversicherungsbeitrag gesenkt werden könnte, wenn die Leistungen stattdessen über Steuern finanziert werden würden.

In der Wissenschaft wird die Meinung vertreten, dass darüber hinaus auch die Hinterbliebenenversorgung in der GRV und die kostenlose Mitversicherung von Familienangehörigen in der GKV als gesamtgesellschaftliche Aufgaben gelten sollen. Diese können als Maßnahmen der »solidarischen Umverteilung« zwischen verschiedenen Gruppen (ledig/verheiratet; Kinderlose/Eltern) innerhalb der Sozialversicherung betrachtet werden, weil darauf verzichtet wird, zwischen den verschiedenen Risiken zu unterscheiden. Genauso gut können Hinterbliebenenversorgung und Mitversicherung als Teil des Familienlastenausgleichs interpretiert werden, der eigentlich steuerfinanziert sein müsste (vgl. Schmähl 2003). Wir vertreten die Auffassung, dass abgeleitete Ansprüche in der Sozialversicherung – abgeleitet in der Regel von den Beitragszahlungen des Ehemannes – solange sozialpolitisch erforderlich sind, solange die gesellschaftliche und arbeitsmarktliche Wirklichkeit dazu führt, dass die vollwertige, eigenständige Sicherung der Frau nicht die Regel ist.[6]

Seit Mitte der 1990er wurden wichtige politische Entscheidungen getroffen, um diesem Problem schrittweise zu begegnen. Der Bundeszu-

---

[6] Würde man, wie Schmähl es tut, die Familienmitversicherung in der GKV und die Hinterbliebenversorgung in die Berechnung einbeziehen, kommt man auf ein Finanzierungsvolumen, das einem Beitragssatz von ca. 8% entspricht (ca. 75 Mrd. Euro im Jahr 1999, vgl. Schmähl 2003).

schuss zur gesetzlichen Rentenversicherung wurde sukzessive erhöht – finanziert vor allem durch einen 1997 eingeführten zusätzlichen Mehrwertsteuerpunkt und durch die Ökosteuer. Nunmehr werden alle im engen Sinne definierten gesamtgesellschaftlich zu finanzierenden Leistungen der GRV (ohne Hinterbliebenenversorgung) ordnungspolitisch korrekt über Steuern finanziert.

Getrennt von der Erhöhung des Bundeszuschusses ist die Entscheidung des Bundes zu sehen, für Erziehungszeiten echte Beiträge an die GRV und die BA zu zahlen. Dieses Vorgehen stellt die ordnungspolitisch sauberste Lösung dar: Die Beiträge sind steuerfinanziert; begünstigt wird nicht pauschal eine Betroffenengruppe, sondern individualisiert der/die Erziehende. Die auf den Beiträgen des Bundes basierenden Leistungen sind keine »versicherungsfremden« Leistungen mehr. Diese Lösung kann auch auf andere Vergünstigungen für Familien übertragen werden: z.B. Beitragszahlung für jetzt kostenlos Mitversicherte in der GKV oder Übernahme der Beiträge für eine Hinterbliebenenversicherung innerhalb der GRV.

Durch die ordnungspolitisch richtige Finanzierung gesamtgesellschaftlicher Aufgaben ist die Senkung der Sozialabgaben möglich. Die »Besteuerung« des Faktors Arbeit würde gemindert; die Finanzierungsbasis des Sozialen Sicherungssystems verbreitert und stabilisiert. Die Akzeptanz des Systems nähme zu, da die Heranziehung von mehr und breiteren Schultern zur Finanzierung gesamtgesellschaftlicher Aufgaben zu mehr sozialer Gerechtigkeit führen würde.

2.5.2 Folgekosten der deutschen Wiedervereinigung

Die ökonomischen und sozialen Folgen der Wiedervereinigung belasten nach wie vor die Systeme der Sozialen Sicherung.[7] Der Deindustrialisierungsprozess, der sofort nach der Wirtschafts- und Währungsunion einsetzte, ließ ca. drei Millionen Arbeitsplätze verschwinden. Bis heute ist die Arbeitslosigkeit in den fünf neuen Ländern mehr als doppelt so hoch wie im Westen. Dies hat die oben beschriebenen fiskalischen Folgen: Zum einen sind im Osten die Ausgaben besonders hoch (Lohnersatzleistungen, aktive Arbeitsmarktpolitik), zum anderen kommt es zu massiven Beitragsausfällen.

Bis zur Jahrtausendwende wurden insgesamt über eine Billion DM an Nettotransfers vom Westen in den Osten erbracht. Die Finanzierung

---

[7] Vgl. hierzu z. B. Drabinski/Beske 2003.

fand über eine dramatische Erhöhung der Schulden, über Steuer- und Beitragserhöhungen und Ausgabenkürzungen statt. Die Kosten der Einheit wurden lange unterschätzt. Deshalb wurden die Entscheidungen immer »auf Sicht« getroffen, strategisch wirksame Entscheidungen wurden erst sehr spät angegangen. Die Geldquellen wurden nicht danach ausgewählt, ob sie zu einer sach- und sozial gerechten Finanzierung führten, sondern nach wahlpolitischer Opportunität. Ergebnis dieser Politik ist, dass die künftigen Generationen es mit einem hochverschuldeten, nur noch eingeschränkt handlungsfähigen Staat zu tun haben werden und dass die Sozialversicherungssysteme – insbesondere die Renten- und die Arbeitslosenversicherung – nach wie vor mit einheitspolitischen Aufgaben belastet sind.

Von den bisher angefallenen Transfers entfielen 70% auf den Bundeshaushalt (vor allem für Infrastrukturmaßnahmen), allerdings auch 16% auf die Bundesanstalt für Arbeit und 6% auf die gesetzliche Rentenversicherung. Nach wie vor belaufen sich die jährlichen Transfers auf insgesamt ca. 70 Mrd. Euro. Die Ostdeutschen erreichen mittlerweile 82% des privaten Verbrauchs der Westdeutschen – während die Wirtschaftskraft allerdings nur 61% beträgt (im Jahr 1999, vgl. Pohl 2002).

Die AutorInnen dieses Gutachtens zweifeln die Notwendigkeit, mit großem Ressourcenaufwand den wirtschaftlichen und sozialen Folgen der Wiedervereinigung zu begegnen, nicht an. Kritisch betrachtet werden muss allerdings die Verteilung der Lasten: Die Kosten wurden insbesondere in den ersten Jahren nach der Wiedervereinigung den BeitragszahlerInnen in den Sozialversicherungen aufgelastet. Der Beitrag zur Arbeitslosenversicherung wurde schon zum 1.4.1991 um 2,5 Beitragspunkte erhöht. Bei der gesetzlichen Rentenversicherung konnten 1993 die Beiträge zwar gesenkt werden, indem die damals bestehenden Rücklagen in Höhe von 20 Mrd. Euro aufgebraucht wurden. Bis 1997 musste der Beitrag allerdings auf 20,3% erhöht werden, ein weiteres Ausschlagen nach oben konnte nur durch die Erhöhung der Mehrwertsteuer verhindert werden.

Von der *Bundesanstalt für Arbeit* gingen bis 1997 insgesamt ca. 100 Mrd. Euro an Nettotransfers in den Osten, davon waren nur 35 Mrd. Euro über Steuern finanziert. Aktuell werden von den jährlichen Ausgaben in Höhe von 50 Mrd. Euro ca. 40% in Ostdeutschland verwendet (bei einem Bevölkerungsanteil von 20%; vgl. Bundesanstalt für Arbeit 1998). Davon ist nur ein Teil durch Beitragseinnahmen aus den fünf neuen Bundesländern gedeckt. Trotz der zumeist gezahlten Bundeszuschüsse erbringt der Bundeshaushalt einen viel zu niedrigen finanziellen Beitrag, um die Langzeitfolgen der Wiedervereinigung auf dem Arbeitsmarkt abzufedern. Die Einnahmelücke (Verhältnis BA-Beitragseinnahmen und Ausgaben) in den ostdeutschen Arbeitsämtern betrug im Jahr 2002 12,6 Mrd. Euro. In diesem Jahr sieht der Haushaltsplan eine Einnahmelücke von gut 10 Mrd. Euro vor, die sich im Laufe des Jahres noch vergrößern wird.

Die Beitragsverluste, die in den anderen Sozialversicherungszweigen entstehen, summieren sich auf immerhin 0,5 Beitragspunkte (davon entfallen ca. 0,3%-Punkte auf die GRV).

In der *gesetzlichen Rentenversicherung* sind die Belastungen für die Beitragszahler aber noch viel höher. Die Renten der Ostdeutschen sind prozentual stärker gestiegen als die ostdeutschen ArbeitnehmerInnen-Einkommen. Dies ist neben der hohen Arbeitslosigkeit der zweite – und wichtigere – Grund, warum die Einnahmen bei weitem nicht ausreichen, um die Rentenausgaben zu decken. Im Jahr 2001 wurden deshalb im System der gesetzlichen Rentenversicherung ca. 10 Mrd. Euro vom Westen in den Osten transferiert. Dies entspricht einem Beitrag von 1,2%-Punkten. Der Bundeszuschuss, der in der GRV gezahlt wird, dient dem Ausgleich gesamtgesellschaftlicher Leistungen, nicht der Deckung dieses Finanzierungsdefizits.

Diese Art der Finanzierung der Renten der Ostdeutschen belastet die ArbeitnehmerInnen-Einkommen. Selbständige bleiben dabei außen vor. Beamte wurden nur zeitweise durch Verschiebung der Besoldungs- und Pensionsanpassung zur Finanzierung herangezogen. Beide Gruppen können zur kontinuierlichen Finanzierung der Folgelasten nur herangezogen werden, wenn der Anteil an Steuerfinanzierung in der gesetzlichen Rentenversicherung zunimmt.

Die Transfers von West nach Ost sind als nicht beitragsäquivalent und damit als gesamtgesellschaftlich zu finanzieren anzusehen. Zwar wurde mit der Sozialunion im Jahr 1990 im Grunde für die neuen Bundesländer lediglich nachgeholt, was 1957 mit der großen Rentenreform in der alten Bundesrepublik geschaffen wurde: Auch damals erhielt eine Generation Leistungen aus der umlagefinanzierten Rentenversicherung, die nicht in einem äquivalenten Verhältnis zu den gezahlten Beiträgen standen. Schwerer wiegt nach Auffassung der AutorInnen des Gutachtens allerdings, dass die rentenpolitischen Entscheidungen bei der Schaffung der sozialen Einheit – die Höherbewertung der Arbeitseinkommen, die 1:1-Umstellung und die Heranführung der Renten an das West-Niveau in einem Tempo, das die Lohnzuwächse der ostdeutschen ArbeitnehmerInnen bei weitem übertraf – wichtige und richtige »einheits«- und gesellschaftspolitische Entscheidungen darstellen, deren Charakter eine Finanzierung über Steuern nahe legen. Ohne Zweifel ist die Sozialversicherung ein wichtiges Instrument zur Schaffung vergleichbarer Lebensverhältnisse in Ost und West – ebenso wie sie ein Instrument sein kann, familienpolitisch motivierte Leistungen zu erbringen. Dies sagt aber noch nichts über die Finanzierungsquelle aus, aus der die Folgen der deutschen Einheit zu finanzieren sind.

Das Fazit lautet: Die Folgen der deutschen Einheit belasten die Sozialen Sicherungssysteme nach wie vor. In der mittelfristigen Perspektive werden jährlich ungefähr 70 Mrd. Euro nach Ostdeutschland transferiert. Gehen davon weiterhin ca. 20% zulasten der BA und der GRV, entfallen 14 Mrd. Euro auf die beiden Sozialversicherungszweige. Dies entspricht etwa 1,75 Beitragspunkte.

Ziel einer nachhaltigen Sozialstaatsreform muss sein, die gesamtgesellschaftlichen Aufgaben – insbesondere die familien- und die wiedervereinigungspolitischen – systemgerecht zu finanzieren, das heißt, über Steuern. Damit werden die BürgerInnen und die Unternehmen nach ihrer Leistungsfähigkeit zur Verantwortung für diese Leistungen gezogen; die Lasten werden fair auf alle Schultern verteilt. Damit stützt eine systemgerechte Finanzierung die Legitimität des Sozialstaats und entlastet die Löhne und Gehälter.

2.6 Ein erstes Fazit und ein kurzer Blick über den sozialpolitischen Tellerrand

Die Ausgaben des Sozialstaats haben in den vergangenen Jahrzehnten stets zugenommen. Gründe dafür gibt es viele. Die demographische Entwicklung gehört dazu. Deutschland als fortgeschrittene, »reife« Volkswirtschaft hat in einer Welt des globalen Wettbewerbs gute Zukunftschancen, wird aber die hohen Wachstumsraten der Wirtschaftswunderjahre kaum mehr erreichen können. Die lange Periode der Massenarbeitslosigkeit hat die Sozialversicherungssysteme ausgezehrt. Die Menschen stellen zudem neue Ansprüche an den Sozialstaat, die abzusichernden Risiken verändern sich durch neue Lebens- und Erwerbsbiografien. Die Politik hat in den letzten Jahren das soziale Sicherungsniveau beschnitten, ohne den Wohlfahrtsstaat an die neuen Bedingungen und Anforderungen anzupassen. Der wirtschaftlichen Stagnation und dem Versagen des Arbeitsmarkts hat sie nichts entgegensetzen können.

Die Ausgaben des Sozialstaats haben in den 1990er Jahren zwar ständig zugenommen. Allerdings geschah dies nicht in einem dramatischen Umfang. Dabei sind die Ausgaben für den Sozialstaat trotz der Folgelasten der deutschen Wiedervereinigung und trotz der hohen Massenarbeitslosigkeit in etwa gleich stark wie das Bruttoinlandsprodukt gestiegen. Vor allem haben sie nicht zugenommen, weil der Leistungsumfang komfortabler ausgestaltet wurde, sondern weil die Probleme, mit denen der Sozialstaat fertig werden muss, zugenommen haben.

In den Jahren 1997 bis 2001 stiegen die Ausgaben in der GRV um durchschnittlich 3,2% im Jahr, in der GKV um 1,7%. In der GPV betragen die Ausgabensteigerungen seit Einführung der letzten Stufe von 1998 bis 2001 2,2%. Gemessen am Bruttoinlandsprodukt stellt sich die Situation so dar:

Tabelle 3: Anteile der Sozialversicherungszweige am Bruttosozialprodukt in % (vgl. BMGS, Materialband zum Sozialbudget 2001)

	Gesetzliche Rentenversicherung	Gesetzliche Krankenversicherung	Gesetzliche Pflegeversicherung
Anteil am BIP			
1991	8,9	6,2	–
1995	10,3	6,8	0,3
2001	10,9	6,6	0,8

Von einer Ausgabenexplosion oder einer explosionsartigen Entwicklung der Kosten kann keine Rede sein. Besonders deutlich wird dies auch, wenn die Betrachtung auf die alten Bundesländer beschränkt wird: In der GRV lag die Ausgangsbasis im Jahr 1991 bei 8,4% und liegt in 2001 bei 9,5%. Bei der Krankenversicherung lagen die Ausgaben im Jahr 1991 bei 5,8% und 1996 bei 6,5%; seitdem sind sie auf 6,2% des Bruttoinlandsprodukts zurückgegangen.

Die seit Jahren prekäre Finanzsituation der Sozialversicherungssysteme ist vor allem auf die Folgen der Deutschen Einheit, auf die deutschlandweite Massenarbeitslosigkeit und die schwache Entwicklung der Beitragsbasis, also der Löhne und Gehälter, zurückzuführen. Die Beitragssteigerungen der vergangenen Jahre hängen eng damit zusammen, dass die Beitragsbasis sich im Vergleich zum Bruttoinlandsprodukt wesentlich schlechter entwickelte. Deshalb ist zu überlegen, ob die Finanzierung auf eine breitere Grundlage gestellt werden soll, die am Wohlstandszuwachs der Volkswirtschaft stärker partizipiert als die bisherige Basis von Löhnen und Gehältern.

Eine Politik, die dem Einnahmeproblem nichts anderes entgegenzusetzen hat, als ihm »hinterherzusparen«, trägt nichts zu einer langfristigen Stabilisierung der Sozialen Sicherungssysteme bei. Eine nachhaltige Lösung der Finanzierungsprobleme des Sozialstaats ist nur erreichbar mit einer erfolgreichen und wirksamen Wirtschafts- und Finanzpolitik, die zu einem deutlichen Abbau der Arbeitslosigkeit führt.

Die Leistungsfähigkeit sozialer Sicherungssysteme erwächst aus der Leistungsfähigkeit der Volkswirtschaft. Generationengerechtigkeit verlangt, dass die gegenwärtig erwerbstätige Generation kommenden Generationen, aber vor allem den heute lebenden Kindern und Jugendlichen alle Chancen eröffnet, um Fähigkeiten und Fertigkeiten auf höchstem Niveau zu erwerben. Die Entwicklung und Förderung der Potenziale einer Gesellschaft schafft die notwendige Basis für eine erfolgreiche Ökonomie und leistungsfähige Sozialsysteme. In unserer wissens- und technologiebasierten Volkswirtschaft haben deshalb Investitionen in Bildung, Forschung und Entwicklung eine Schüsselrolle. Die Kommission hat diesen zentralen Aspekt nicht (hinreichend) reflektiert.

Die Analyse der Ausgangssituation muss heute schwere Defizite beachten:

- Die PISA-Studie hat offenbart, dass insbesondere Kinder aus sozial schwachen Familien keine guten Bildungschancen besitzen.
- Trotz Schulpflicht verlassen nach wie vor viele Jugendliche ohne funktionale Lese- und Rechenfähigkeiten sowie ohne Abschluss die Schulen.
- Im Jahr 2003 fehlen über 70.000 Berufsausbildungsplätze für Schulabgänger. 170.000 Jugendliche haben zwei Monate vor Ausbildungsbeginn noch keinen Ausbildungsplatz gefunden.
- Ungelernte und gering qualifizierte Menschen sind unter den Langzeitarbeitslosen deutlich überrepräsentiert.
- Die Anzahl von technikrelevanten Hochschulabsolventen ist seit 1995 rückläufig.
- In Facharbeiter- und Ingenieurberufen existiert trotz Massenarbeitslosigkeit ein Fachkräftemangel.
- In Deutschland liegen die öffentlichen und privaten Ausgaben für Forschung und Entwicklung seit zehn Jahren unter 2,5% des BIP und damit hinter Japan und den USA. Zum Vergleich: Schweden steigerte seine Leistungen von 1991 bis 2000 von 2,8 auf 3,9%, Finnland von 2,1 auf 3,6%.

Die AutorInnen des Gutachtens empfehlen, Indikatoren für die Entwicklung von Generationengerechtigkeit zu entwickeln. Die Quote der Bildungs- sowie F&E-Investitionen, die Quoten von Hochschülern und Jugendlichen ohne Abschluss und Ausbildungsplatz sagen mehr über die zukünftige Finanzierbarkeit Sozialer Sicherungssysteme aus als viele demographische Veränderungen.

3. Sozialstaatlichkeit gestalten

Die Kommission hatte einen weitreichenden Problemkatalog zu bearbeiten. Im Auftrag der Bundesregierung an die Kommission hieß es:

»Bevölkerungsalterung und grundlegende Veränderungen der Erwerbsbiografien sowie die Entwicklung der Einkommensverteilung der Sozialversicherung konfrontieren Renten-, Kranken- und Pflegeversicherung mit tiefgreifenden Problemen. Durch die am Arbeitsverhältnis ansetzende lohnzentrierte Finanzierung drohen diese Entwicklungen langfristig zu einer wachsenden Belastung des Faktors Arbeit zu werden. (...) Vor diesem Hintergrund ist es Aufgabe der Kommission, Vorschläge für eine nachhaltige Finanzierung und Weiterentwicklung der Sozialversicherung zu entwickeln. Insbesondere muss es darum gehen, die langfristige Finanzierung der sozialstaatlichen Sicherungsziele und die Generationengerechtigkeit zu gewährleisten sowie die Systeme zukunftsfest zu machen. Um beschäftigungswirksame Impulse zu geben, sollen Wege dargestellt werden, wie die Lohnnebenkosten gesenkt werden können. Die Vorschläge müssen auch Aspekte der Geschlechtergerechtigkeit berücksichtigen. Die internationalen Diskussionen und Erfahrungen, insbesondere in der Europäischen Union, sind einzubeziehen.«

Der Auftrag der Bundesregierung an die Kommission bestand also nicht darin, lediglich nach Möglichkeiten von Leistungskürzung zu fahnden. Auch sollte sich die Kommission nicht nur mit den demographischen Herausforderungen beschäftigen, sondern ebenso mit den Veränderungen in den Erwerbsbiografien und dem Aspekt der Lohnzentrierung der Versicherungssysteme. Ziel der Überlegungen sollte sein, die langfristige Finanzierung der Sicherungssysteme zu sichern sowie Generationen- und Geschlechtergerechtigkeit zu fördern. Die Mehrheit der Rürup-Kommission hat sich auf eine Diskussion über die Sicherung von Beitragszielen beschränkt, die genannten weiteren Aspekte wurden zu keinem Zeitpunkt angemessen berücksichtigt.

In der Rürup-Kommission herrschte die Auffassung vor, dass die Folgen der demographischen Entwicklung und diese Entwicklung selbst quasi schicksalshaft eintreffen würden. Perspektivische Vorschläge, die die Geburtenrate, die Erwerbstätigenquote insbesondere von Frauen und die Produktivität der Volkswirtschaft steigern helfen könnten, wurden nicht entwickelt. Insofern hat die Kommission ihren Auftrag nicht erfüllt.

Im vorangegangenen Kapitel wurden die Herausforderungen dargestellt, denen die Sozialen Sicherungssysteme gegenüberstehen. Zudem sind die Reformziele benannt worden, die eine zukunftsfähige Reform erfüllen. In den folgenden Kapiteln stellen wir unsere Vorschläge für eine zukunftsfähige Reform des Sozialstaats vor und setzen uns mit den Ergebnissen des Rürup-Gutachtens auseinander.

3.1 Einstieg in die Erwerbstätigenversicherung prüfen

Die Strukturen des Sozialstaats müssen immer wieder daraufhin überprüft werden, ob sie die gesellschaftlichen Vorstellungen von Solidarität und Gerechtigkeit noch erfüllen.

Die im Abschnitt 2.1 dargestellte schrittweise Ergänzung des so genannten Normalarbeitsverhältnisses durch arbeitnehmerähnliche Selbständigkeit, neue Formen freier Berufe, Zeiten der Weiterbildung, Teilzeit und ähnliche Modelle machen deutlich, dass durchbrochene Erwerbsbiografien künftig vermutlich eine größere Rolle spielen werden. Außerdem wird die Verweildauer in einem Unternehmen immer kürzer. Zeiten von Erwerbslosigkeit oder von Selbständigkeit wechseln mit Phasen der Erwerbstätigkeit ab. Solche Erwerbsbiografien werden im heutigen System der Sozialen Sicherung nicht adäquat abgesichert. Insbesondere in der Altersvorsorge kommt es dadurch zu gravierenden Sicherungslücken. Bei vielen in diesen neuen Erwerbsformen Tätigen entsteht ein erhöhtes Armutsrisiko, weil ihre Beschäftigungen häufig kein ausreichendes Einkommen sichern, um auf dem privaten Markt eine eigene Altersversorgung finanzieren zu können. Es geht jedoch nicht nur um die Absicherung von Risiken, sondern auch um die Stabilisierung der Beitragszahlerbasis. Diese gerät durch die zurzeit geltende Definition versicherungspflichtiger Beschäftigungen in Verbindung mit der Ausbreitung neuer Erwerbsformen unter Druck.

Deshalb regen wir eine breite Diskussion zwischen Gewerkschaften, Arbeitgebern, Sozialversicherungsträgern und Politik über die mittel- und langfristige Einbeziehung weiterer Personenkreise in die Renten-, Kranken- und Pflegeversicherung – als Erwerbstätigenversicherung – an. Dabei müssen auch die Vor- und Nachteile der Einführung einer Beitragspflicht für Einkommen, die nicht auf einer Erwerbstätigkeit beruhen, geprüft werden.

3.2 Beibehaltung der paritätischen Finanzierung und Stärkung der Selbstverwaltung

Das solidarische System der deutschen Sozialversicherung ist ein Erfolgsmodell. Es hat wesentlich zu einer Linderung von Armut und Ungleichheit beigetragen. Die Sozialen Sicherungssysteme besitzen eine wichtige integrative und demokratiefördernde Funktion in unserer Gesellschaft.

Die existenziellen Lebensrisiken Krankheit, Invalidität, Pflegebedürftigkeit, Armut im Alter und Arbeitslosigkeit dürfen auch zukünftig nicht auf den Einzelnen abgewälzt werden, sondern unterliegen gesellschaftlicher Verantwortung. Das Prinzip der paritätischen Finanzierung der Beiträge aufgrund abhängiger Beschäftigung dokumentiert die Verantwortung der Unternehmer für den gesellschaftlichen Zusammenhalt. Es ist auch ökonomisch vernünftig, weil die Mitverantwortung der Arbeitgeber für die Finanzierung der Sicherungssysteme Anreize für die Vermeidung gesellschaftlicher Kosten durch unternehmerisches Handeln setzt. Gesundheitliche Prävention, die stetige Weiterentwicklung der Sicherheit am Arbeitsplatz und die Vermeidung von Arbeitsplatzverlusten senken die Kosten für die Gesellschaft und die Arbeitgeber.

> Die Selbstverwaltung der Versicherungskörperschaften spiegelt die paritätische Finanzierung wider und ist Ausdruck der verantwortlichen Selbstorganisation der BeitragszahlerInnen. Sie muss erhalten und gestärkt werden.

Das Prinzip der Subsidiarität und der Eigenverantwortung der Wirtschaftspartner für die Folgen ihres Handelns ist weiterzuentwickeln, indem einerseits die Unabhängigkeit der Körperschaften von politischen Entscheidungen ausgebaut wird und die selbstverwalteten Körperschaften andererseits in den sozialpolitischen Gesetzgebungsprozessen maßgeblich beteiligt werden. Dies gilt insbesondere für die Krankenkassen und ihre Spitzenverbände. Nur einer starken Selbstverwaltung kann es gelingen, Patientenrechte ausreichend zu berücksichtigen. Die ehrenamtlich tätigen Verwaltungsräte der Versichertenseite repräsentieren die Patienteninteressen und achten auf die richtige Balance von Wirtschaftlichkeit und qualitativ hochwertiger Versorgung. Die Schwächung der Selbstverwaltungen in den Krankenkassen in den 1990er Jahren zeitigt bereits negative Folgen. Sie darf sich in den anderen Versicherungszweigen nicht wiederholen. Deshalb muss bei der Organisationsreform der gesetzlichen Rentenversicherung darauf geachtet werden, dass die paritätische Selbstverwaltung auf allen Ebenen der einheitlichen deutschen Rentenversicherung gewahrt bzw. gestärkt wird.

3.3 Reform der Abgabenbelastung

Die Verteilung von Steuern und Abgaben in Deutschland ist zum Teil sozial ungerecht. Sie muss deswegen mittel- und langfristig umgestaltet werden. Sozialversicherungsbeiträge belasten die Arbeitnehmereinkommen direkt. Fakt ist, dass ein – auch im internationalen Vergleich – zu hoher Anteil der sozialen Leistungen und gesamtstaatlicher Aufgaben über Sozialversicherungsbeiträge finanziert wird, während Deutschland die zweitniedrigste Steuerquote aller OECD-Länder aufweist. Wie bereits ausführlich dargestellt, ist dies u. a. auf die Fehlfinanzierung gesamtgesellschaftlicher Aufgaben und Fehler bei der Finanzierung der Deutschen Einheit zurückzuführen.

Die Finanzierung gesamtgesellschaftlicher Aufgaben über die Sozialsysteme wirkt quasi wie eine Lohnsummensteuer und belastet insbesondere Bezieher geringer und mittlerer Einkommen. Diese Finanzierung wird von Arbeitnehmerinnen und Arbeitnehmern nicht nur zunehmend als ungerecht empfunden, sie verteuert auch gering- und durchschnittlich bezahlte Arbeit in unangemessener Weise. Die Neuregelung der geringfügigen Beschäftigung (400-Euro-Jobs) ist darauf nicht die adäquate Antwort. Sie eröffnet eine Flucht aus der Sozialversicherungspflicht und schwächt die Einnahmen der Sozialversicherungen weiter.

Durch ein Umsteuern in der Finanzierung gesellschaftlicher Aufgaben kann Wachstum und Beschäftigung gefördert und die Vertrauenskrise in die Sozialversicherung überwunden werden. Dazu braucht es eine Stabilisierung der öffentlichen Haushalte durch eine gerechte und beschäftigungswirksame Steuer- und Finanzpolitik.

> Zur Senkung der Sozialabgaben sollten die oben diskutierten »versicherungsfremden Leistungen« – gesamtgesellschaftliche Aufgaben und wiedervereinigungsbedingte Folgekosten, die bisher über die Sozialversicherung finanziert wurden, schrittweise in die Steuerfinanzierung überführt werden. Es ist ordnungspolitisch nicht vertretbar, diese Kosten allein den Beitragszahlern aufzubürden.

Der DGB prüft derzeit in diesem Zusammenhang die Vor- und Nachteile, die mit der Einführung eines Freibetrags in der Sozialversicherung verbunden wären. Ein solcher Freibetrag hätte das Ziel, ArbeitnehmerInnen mit niedrigen Einkommen und lohnintensive Betriebe von Sozialabgaben zu entlasten.

Außerdem kann die Einrichtung einer »Familienkasse« ein Instrument sein, familienpolitische bzw. kindbezogene Leistungen systematisch richtig und sozial gerecht zu finanzieren. Diese könnte die traditionellen Sozialversicherungskassen entlasten. Die Leistungen für Kinder bzw. die Erziehung müssen als gesellschaftliche Aufgabe aus Steuermitteln finanziert werden. Eine Familienkasse könnte auch zu einer höheren Transparenz bezüglich der Höhe und Verwendung der tatsächlich eingesetzten familienpolitisch motivierten Leistungen führen. Die Vor- und Nachteile einer solchen Familienkasse sind zu prüfen und in einer breiten gesellschaftlichen Diskussion abzuwägen.

4. Gesetzliche Krankenversicherung

Der Finanzierungsaufwand für die gesetzliche Krankenversicherung hat sich seit 20 Jahren beständig erhöht. Die in diesem Zeitraum zu registrierenden Beitragssatzsteigerungen von durchschnittlich 12% auf 14% sind zu einem erheblichen Teil auf eine sinkende Lohnquote, d. h. den Anteil der Arbeitnehmer und Rentner am Volkseinkommen, und auf ineffiziente Strukturen der Leistungserbringung zurückzuführen. Die hohe Arbeitslosigkeit, der kontinuierlich wachsende Anteil der Rentner an den GKV-Mitgliedern sowie ein stagnierendes Niveau der Reallöhne haben dabei die BeitragszahlerInnen stärker belastet als die Ausgabensteigerungen. Hinzu kommen staatlicherseits verfügte Entlastungen anderer Sozialversicherungszweige und des Bundeshaushaltes zulasten der GKV (»Verschiebebahnhöfe«). Eine Reform der GKV-Finanzierung steht daher neben den dringend notwendigen Strukturveränderungen auf der gesundheitspolitischen Reformagenda weit vorne. Die Leitlinie für eine Reform der Finanzierungsgrundlagen der GKV muss sowohl aus volkswirtschaftlichen wie aus sozialen Gründen die Stärkung des Solidaritätsprinzips sein. Nur so ist unser Anspruch einzulösen, allen Bürgern den gleichen Zugang zu einer guten medizinischen Versorgung zu garantieren.

4.1 Die Vorschläge der Mehrheit der Rürup-Kommission

Die Mehrheit der AG Krankenversicherung der Kommission beschloss, der Bundesregierung ein zweistufiges Konzept vorzulegen. Dies firmierte während der Verhandlungen in der Kommission unter »Y-Modell«: Dabei werden konkrete Empfehlungen nur für kurzfristige Maßnahmen zur Senkung der Sozialbeiträge (Stamm des Y) gegeben, mit den Bestandteilen

- Auslagerung des Krankengeldes aus der paritätischen Finanzierung,
- Steuerfinanzierung gesellschaftspolitisch relevanter Leistungen,
- Reform der Zuzahlungsregelungen bei Arzneimitteln, bei Arztbesuchen und Zahnbehandlungen sowie
- Aufhebung der Preisbindung für Generika.

Bezüglich der Langfristperspektive wird anstelle einer Empfehlung auf zwei unterschiedliche Optionen verwiesen (Zweige des Y): auf ein von Prof. Rürup und Prof. Wagner vorgeschlagenes Pauschalprämienmodell einerseits und ein von Prof. Lauterbach vorgeschlagenes Modell einer Bürger- bzw. Erwerbstätigenversicherung andererseits. Die Wahl zwischen diesen Alternativen wird als »Werteentscheidung« an die Politik zurückdelegiert.

4.2 Bewertung der kurzfristigen Vorschläge

Die Vorschläge, die die Professoren Lauterbach, Rürup und Wagner der Arbeitsgruppe Krankenversicherung als Gesamtpaket vorlegten, wurden von der Mehrheit akzeptiert, ohne dass Änderungsanträge auch nur zugelassen worden wären. Insgesamt sind die Einsparvolumina sehr großzügig gerechnet. Aus unserer Sicht wiegt allerdings schwer, dass die dargestellten Maßnahmen sozial unausgewogen sind: Abgesehen von den knapp 2 Mrd. Euro Einsparungen im Generikabereich und der Steuerfinanzierung gesellschaftspolitischer Leistungen (maximal 4,5 Mrd. Euro) werden die verbleibenden Entlastungen der GKV in Höhe von 17,5 Mrd. Euro ausschließlich von Versicherten und Patienten erbracht, ohne dass mit den Maßnahmen eine positive Lenkungswirkung verbunden wäre.

Auch strukturell sind die Maßnahmen fragwürdig: Ohne Not wird der – wenn auch bereits vielfach zulasten der Versicherten durchbrochene – Grundsatz der paritätischen Finanzierung des Gesundheitswesens aufgegeben. Dies verweist bereits auf ein hervorstechendes Merkmal der Vorschläge: Sie dienen nicht der Verbesserung der Effizienz und Transparenz der Strukturen oder gar der Förderung der Nachhaltigkeit, sondern lediglich der Kostenverschiebung zulasten der Versicherten.

Dazu kommt die wirtschaftspolitisch gerechtfertigte Kritik: Die Vorschläge bestehen zu einem großen Teil aus mit Effizienzverlusten verbundenen Kostenverschiebungen. Die Wirtschaftsforschungsinstitute kritisieren deshalb in ihrem Frühjahrsgutachten zu Recht: »Vor allem mangelnder Wettbewerb hat bislang in vielen Bereichen zu beträchtlichen Monopolrenten geführt, deren Abbau kostensenkend wirken würde, ohne dass es zu Leistungseinschränkungen kommt.« Unserer Auffassung nach gilt dies vor allem für die Kassenärztliche Vereinigung mit ihrer Monopolstellung bei der Aushandlung von Honoraren. Hier wird aber nicht mutig genug gehandelt. Auch die Ausgliederung des Krankengelds aus der paritätischen Finanzierung ist wirtschaftspolitisch zu kritisieren: Die zusätzlichen Beitragslasten für die ArbeitnehmerInnen verringern die ohnehin schwächelnde Binnennachfrage weiter.

4.3 Die Zweige des Y-Modells

4.3.1 Das Kopfprämien-Modell

Wie dargestellt, lehnte es die Kommission ab, zwischen den Zweigen des Y eine Wahl zu treffen. Die Rürup-Kommission ist damit an ihrem eigentlichen Auftrag gescheitert, Vorschläge für eine nachhaltige GKV-Finanzierung zu entwickeln. Dass es die beiden Grundmodelle – Kopfprämien oder Erwerbstätigenversicherung – gibt, war der Fachwelt bereits vor Einsetzung der Kommission bekannt.

Das von der Rürup-Kommission betrachtete Kopfprämienmodell hat folgende Merkmale:

- Alle Bürger sind versicherungspflichtig. Dabei bleibt allerdings die Unterscheidung in GKV und PKV bestehen.
- Alle Versicherten ab dem 21. Lebensjahr müssen eine einheitliche Kopfprämie zahlen, die in etwa 200 Euro betragen soll.
- Der Arbeitgeberbeitrag entfällt bei Einführung der Kopfprämien. Von diesem Stichtag an wird der Arbeitgeberbeitrag – in der jeweiligen Höhe zum Stichtag – als steuerpflichtiger Lohnbestandteil ausgezahlt.
- Zum Zweck des sozialen Ausgleichs gewährt der Staat einen Beitragszuschuss, wenn der Beitrag einen bestimmten Anteil des Haushaltseinkommens übersteigt. Die Finanzierung soll über Steuermittel erfolgen. Je nach Gestaltung des sozialen Ausgleichs entsteht ein Zuschussbedarf zwischen ca. 23 und 28 Mrd. Euro. Dieser würde durch die Versteuerung des ehemaligen Arbeitgeberzuschusses bis auf vier bis zehn Mrd. Euro gegenfinanziert werden (vgl. Bork 2003, S. 23).

Die Befürworter argumentieren, das Kopfprämienmodell führe zu mehr Beitragsgerechtigkeit. Diese Behauptung läuft unseres Erachtens fehl.

Das Kopfprämienmodell würde mit sich bringen, dass die bisherigen Umverteilungswirkungen deutlich abgeschwächt werden: Diese bestehen zwischen Höherverdienenden und Geringverdienenden sowie zwischen Alleinstehenden und Familien. Singles und Einverdiener-Haushalte mit gutem Einkommen wären deshalb die Nutznießer des Kopfprämienmodells (vgl. Bork 2003, S. 27ff., Pfaff u. a. 2003 und Wasem/Greß/Rothgang 2003).

Der soziale Ausgleich – die Umverteilung zwischen Gutsituierten und gering Verdienenden – soll durch staatliche Transfers gewährleistet werden, die in Deutschland nach dem Vorschlag ab einem Schwellenwert von 13,3% des Bruttolohns aus dem Steuersystem gezahlt werden sollen – also erheblich über der Maximalbelastung nach dem Schweizer Modell (dieser liegt bei 8%). Wie die Regierung dauerhaft diesen sozialen Ausgleich über Steuern garantieren können soll, bleibt offen. Es handelt sich immerhin, wie bereits erwähnt, um eine Summe zwischen vier und zehn Mrd. Euro.

Die von den Befürwortern genannten Vorteile des Modells sind in Frage zu stellen:

- Die Behauptung, Kopfpauschalen seien demographieresistenter im Vergleich zum GKV-System, entbehrt jeder Grundlage. Je mehr Rentner eine Kasse im Kopfprämienmodell hat, desto höher sind die Beitragszuschüsse des Staates, und zwangsläufig wachsen auch die Prämien für die Rückversicherung. Demographiebedingte Risiken kann man nicht durch die veränderte Finanzierungsmethode wegzaubern. Es führt kein Weg an der Erkenntnis vorbei, dass Sozialleistungen immer aus der laufenden Wertschöpfung der Volkswirtschaft zu finanzieren sind.
- Wenn sich die zusätzlichen Beitragslasten für viele Arbeitnehmer nicht in den Tarifauseinandersetzungen kompensieren lassen, wird sich das verfügbare Einkommen der Arbeitnehmer verringern – mit entsprechender negativer Auswirkung auf die Nachfrage.
- Auch die Behauptung, die Kopfprämien seien unabhängiger von der Arbeitsmarktentwicklung, ist nicht haltbar. Die der GKV-Finanzierung zu Grunde liegenden Löhne und Gehälter folgen genauso konjunkturellen Entwicklungen wie das Steueraufkommen, aus dem die Kopfprämien bezuschusst werden müssten. Wachsende Defizite in der Krankenversicherung wären dann durch Steuererhöhungen zu bestreiten.
- Die Verteilungswirkung des Kopfprämienmodells hängt stark von der vorgesehenen Beitragssubventionierung für Geringverdiener ab. Sollte

diese nicht über eine progressive Einkommensteuer bzw. einen erhöhten Solidaritätszuschlag finanziert werden, sondern durch eine erhöhte Mehrwertsteuer, dann erhöht sich der regressive Verteilungseffekt, also die Mehrbelastung der niedrigen Einkommen und die Entlastung der hohen Einkommen, noch mehr.

- Der Verzicht auf die Parität entlässt die Arbeitgeber aus ihrer Verantwortung für die Finanzierung und vermindert die Anreize für die gesundheitsgerechte Gestaltung der Arbeitsplätze. Die Unternehmen wälzen bereits heute enorme Kosten arbeitsbedingter Erkrankungen auf die GKV ab – mindestens 15 Mrd. Euro jährlich (im Jahr 2001, so Bödeker/Friedel/Röttger/Schröer 2002).
- Verzerrungen im Kassenwettbewerb sind zu befürchten. Der Wettbewerbsvorteil mit einer guten Risikostruktur und bislang niedrigen Beitragssätzen würde zementiert.

Aus all diesen Gründen lehnen wir das Kopfprämienmodell ab. Wir halten die bisherige Finanzierung durch lohnabhängige Beiträge für das gerechtere Prinzip. Nachzudenken ist angesichts gewandelter gesellschaftlicher Bedingungen über eine Weiterentwicklung der etablierten Strukturen im Sinne einer Stärkung des solidarischen Systems.

4.3.2 Bürger- bzw. Erwerbstätigenversicherung

Das Modell der Erwerbstätigen- oder Bürgerversicherung, wie es in den Beratungen der Rürup-Kommission vorgestellt wurde, enthält folgende Merkmale:

- die Erweiterung der Bemessungsgrundlage um weitere Einkommensarten,
- die Anhebung der Beitragsbemessungsgrenze auf das Niveau der gesetzlichen Rentenversicherung in Westdeutschland (zurzeit 5.100 Euro),
- die Erweiterung der Versicherungspflicht in der GKV durch Einbeziehung von Beamten, Selbständigen und Landwirten, sowie
- die Aufhebung der Versicherungspflichtgrenze.

Insgesamt zielt die Erwerbstätigenversicherung auf eine Verbreiterung der Summe der beitragspflichtigen Einnahmen. Insbesondere durch den letzten Baustein des Konzepts würde sich die Rolle der privaten Krankenversicherung wandeln: Statt eine Vollversicherung anbieten zu können bzw. zu müssen, würde sie nur noch Zusatzversicherungen anbieten. Die dargestellten Komponenten können in zwei Stufen verwirklicht werden: Im ersten Schritt könnten andere Einkommen in die Versicherungspflicht einbezogen werden, und zwar bei erhöhter Beitragsbemessungsgrenze. Erst im zweiten Schritt käme es zur Aufhebung der Versicherungspflichtgrenze bei gleichzeitiger Einbeziehung anderer Personengruppen (vgl. Bork 2003, S. 13ff.).

Dieser Vorschlag bringt nicht die großen verteilungspolitischen Schwierigkeiten des Kopfprämienmodells mit sich. Zudem führt es zu deutlichen Beitragssatzsenkungen: Allein der erste Schritt brächte eine Senkung um 1,3%-Punkte; der zweite würde zu weiteren 0,7 Beitragspunkten an Absenkung beim Beitragssatz führen (vgl. Bork 2003, S. 24). Die Arbeitgeber würden zwar nicht in einem derart starken Maße entlastet – schließlich würden die Einkommen von gutverdienenden ArbeitnehmerInnen oberhalb der bisherigen Beitragsbemessungsgrenze stärker zur Beitragszahlung herangezogen –, doch insbesondere die Sozialabgaben bei geringverdienenden ArbeitnehmerInnen würden durch die Beitragssenkung stark entlastet werden (um maximal zwei Prozent).

Auch die Erwerbstätigenversicherung ist nicht unumstritten und weist Vor- und Nachteile auf. Wie erwähnt, werden gut verdienende ArbeitnehmerInnen stärker belastet – aber auch deren Arbeitgeber. So werden manche Unternehmen im Hochlohnbereich, die häufig im internationalen Wettbewerb stehen, mit höheren Belastungen rechnen müssen. Zudem sind ordnungs- und verfassungsrechtliche Fragen zu klären. Insbesondere der Übergang vom jetzigen System in eine Erwerbstätigenversicherung muss so behutsam gestaltet werden, dass der gebotene Vertrauensschutz gewährleistet wird.

In Abschnitt 3.1 wurde bereits dargestellt, dass sich die AutorInnen eine breite und vertiefte gesellschaftliche Diskussion darüber wünschen, ob die Erweiterung der Versicherungspflicht auf bisher nicht zur Beitragszahlung herangezogene Einkommen und auf andere Personengruppen ein sinnvoller Weg ist, um die Finanzierungsbasis der Sozialversicherung nachhaltig zu stärken.

4.4 Die gewerkschaftliche Reformagenda

4.4.1 Verbesserung der Qualität

Das Gesundheitswesen ist ein bedeutender Wirtschaftszweig mit über vier Millionen Arbeitsplätzen, der ohne die dem Solidaritätsprinzip verpflichtete gesetzliche Krankenversicherung nicht den Status der größten Dienstleistungsbranche unserer Volkswirtschaft erreicht hätte. Seine Reform ist eine politische Daueraufgabe, die sich beständig im Spannungsverhältnis von steigenden Ausgaben einerseits, begrenzten finanziellen Ressourcen andererseits bewegt. Dieser grundsätzliche Konflikt kann weder durch quantitative Budgetbeschränkungen noch durch kurzfristige Erhöhungen der Einnahmen gelöst werden. Es geht vielmehr darum, die Effektivität und die Wirtschaftlichkeit des Ressourceneinsatzes immer aufs Neue zu überprüfen und die Versorgungs- und Finanzierungsstrukturen den veränderten Bedingungen anzupassen. Nur so kann die solidarische Krankenversicherung als unverzichtbares ordnungspolitisches Kernstück unseres Gesundheitswesens zukunftssicher gemacht werden.

Die AutorInnen des Gutachtens streben eine Reform des Gesundheitswesens an, welche die vorhandenen Versorgungsdefizite und Unwirtschaftlichkeiten anpackt. Es sind ausreichende finanzielle Mittel vorhanden, die jedoch so eingesetzt werden, dass einer Überversorgung – in einigen Versorgungsbereichen muss auch von Verschwendung gesprochen werden – in einigen Bereichen gravierende Mängel und Unterversorgung in anderen Bereichen gegenüberstehen. Wir verfügen über ein technisch bestens ausgestattetes Gesundheitswesen, verzeichnen aber zugleich erhebliche Defizite in der Prävention, der Behandlung chronisch Kranker sowie generell in der Verzahnung der einzelnen Versorgungsbereiche, dem Qualitätsmanagement und der Leistungstransparenz. Das Augenmerk muss auch darauf gelegt werden, den technologischen Fortschritt in der Medizin dazu zu nutzen, alte Verfahren zu ersetzen. An diesen Punkten muss die anstehende Gesundheitsreform vordringlich ansetzen.

Erst danach können Maßnahmen zur mittel- bis langfristigen Sicherung der Finanzierung der solidarischen Krankenversicherung ergriffen werden. Diese sind politisch erst dann zu vermitteln, wenn die Effizienzreserven auf der Leistungsseite gehoben worden sind bzw. ernsthaft und nachvollziehbar mit der Umsetzung entsprechender Maßnahmen begonnen wurde.

Deshalb muss die Gesundheitsreform 2003 – und jede weitere Gesundheitsreform auch – nach Meinung der AutorInnen drei Schwerpunkte haben:

- die Verbesserung der Qualität der Versorgung,
- die Förderung der integrierten Versorgung und deren Ausbau zur Regelversorgung, sowie
- die Schaffung und Gestaltung von Wettbewerb um die Qualität.

4.4.2 Sicherstellung der Finanzierung

Die AutorInnen des Gutachtens wollen mit den nachfolgenden Vorschlägen zur zukünftigen Finanzierung der GKV nicht »mehr Geld ins System« tragen, sondern die Finanzierung gerechter gestalten und niedrigere Beitragssätze erreichen.

Wir sehen die zukünftige Ausgestaltung der Finanzierungsgrundlagen der gesetzlichen Krankenversicherung zwingend eingebunden in das skizzierte Konzept der qualitätsorientierten Weiterentwicklung des Gesundheitswesens, in dem die bedarfsgerechte Versorgung der Versicherten und Patienten im Vordergrund steht.

Das gegliederte System der GKV ist eine Solidargemeinschaft und beruht auf den Prinzipien der solidarischen Finanzierung und der bedarfsorientierten Leistungen. Jeder Versicherte zahlt nach dem Prinzip der Leistungsfähigkeit einen bestimmten prozentualen Anteil seines oder ihres Arbeitseinkommens an die Krankenkassen. Aus diesem Fonds wird die medizinische Versorgung aller Mitglieder der Kasse bezahlt, auch die der nicht erwerbstätigen Familienangehörigen. Im Unterschied zur Renten- und Arbeitslosenversicherung hat das Äquivalenzprinzip, d.h. die Abhängigkeit der Leistungen von der Höhe der Beitragszahlungen, keine Bedeutung bei der Inanspruchnahme medizinischer Leistungen. Stattdessen gilt das Bedarfsprinzip; alle Versicherten haben Anspruch auf die medizinisch notwendigen Behandlungen in angemessener Qualität. An diesen Eckpfeilern der GKV rütteln die AutorInnen ebenso wenig wie an der paritätischen Finanzierung durch die Versicherten und deren Arbeitgeber.

Den in der Diskussion befindlichen Vorschlag, die solidarische Beitragsfinanzierung durch eine über Kopfpauschalen finanzierte Pflichtversicherung zu ersetzen, lehnen die VerfasserInnen des Gutachtens ab. Dies wurde bereits im Abschnitt 4.3 ausführlich begründet.

Wir schlagen eine Reform der GKV-Finanzierung mit folgenden Eckpunkten vor:

- Die Beiträge orientieren sich strikt am Prinzip der Leistungsfähigkeit. Die paritätische Finanzierung der Beiträge der abhängig Beschäftigten bleibt bestehen.
- Wir wünschen uns eine gesellschaftliche Diskussion über die Erweiterung der Versicherungspflicht auf weitere Personenkreise und Einkommen.
- Die beitragsfreie Mitversicherung von Familienangehörigen darf solange nicht aufgehoben werden, bis eine sozial gerechte Finanzierung familienpolitischer Leistungen gefunden ist. Im Rahmen der notwendigen Debatte wäre auch zu entscheiden, welche Leistungen einzubeziehen wären.
- Der Verschiebebahnhof zwischen Bundesanstalt für Arbeit und der GKV wird aufgelöst. Die Rechtslage, wonach sich die Krankenversicherungsbeiträge für Arbeitslose nach der Höhe des ehemaligen Ar-

beitsentgelts richten, ist wiederherzustellen. Alternativ kann für die Gruppe der Arbeitslosen über einen kostendeckenden Gesamtbeitrag für die Krankenkassen nachgedacht werden.

- Die Finanzierung der gesamtgesellschaftlichen Leistungen in der GKV muss aus Steuermitteln erfolgen. Es muss sichergestellt sein, dass alle steuerfinanzierten Leistungen der GKV weiterhin Leistungen der Krankenkassen bleiben.
- Der kassenartübergreifende Risikostrukturausgleich (RSA) wird zu einem morbiditätsorientierten RSA weiterentwickelt, da nur mit diesem ein Wettbewerb in der GKV möglich ist, der das Solidaritätsprinzip nicht beschädigt.

Die AutorInnen halten am Prinzip der paritätischen Finanzierung erwerbseinkommensbasierter Beiträge fest. Deshalb lehnen wir alle Vorschläge ab, die auf eine stärkere Belastung der Versicherten hinauslaufen:

- das Einfrieren des Arbeitgeberanteils oder die Umwidmung des Arbeitgeberanteils in einen Arbeitnehmeranteil und
- jede risikobezogene Beitragsgestaltung, da sie ausschließlich Versicherte belastet und zu unvertretbaren Belastungen (chronisch) Kranker führen kann.

Die Ausgliederung von Behandlungskosten für Haushalts- und Freizeitunfälle ist unpraktikabel und würde überdies vor allem Familien mit Kindern benachteiligen. Bonussysteme sind differenziert zu betrachten. Solche, die die Nichtinanspruchnahme von Gesundheitsleistungen belohnen, laufen auf eine faktische Beitragsreduzierung für junge und gesunde Versicherte hinaus und dem Solidarprinzip zuwider. Bonusmodelle in Zusammenhang mit gesundheitsgerechtem Verhalten (z.B. Aufgeben von Rauchen und Alkoholgenuss; Reduzierung von Übergewicht) sind nicht zielführend und laufen auf die Einführung einer Art Gesundheitspolizei hinaus. Deshalb lehnen wir sie ebenfalls ab.

Hingegen sind Boni für Versicherte, die an integrierter Versorgung, Disease-Management-Programmen oder am Hausarztsystem teilnehmen, zu befürworten. Mit solchen Boni wird Verhalten der PatientInnen gefördert, das zu Einsparungen für die gesamte Versichertengemeinschaft führen kann – schließlich wird von den genannten Leistungsangeboten eine effizientere Versorgung erwartet.

Die AutorInnen des Gutachtens wollen mit diesen Eckpunkten zur Finanzierung der GKV die solidarische Krankenversicherung zukunftssicher machen. Die Vorschläge helfen, den Herausforderungen einer älter werdenden Gesellschaft und den neuen technologischen Anforderungen in der Medizin gerecht zu werden.

5. Die Reform der Gesetzlichen Rentenversicherung

Die Rentenversicherung steht unter Druck. Die langanhaltende Massenarbeitslosigkeit, die Fragmentierung der Beschäftigungsverhältnisse sowie die Überfrachtung mit den Folgekosten der Deutschen Einheit belasten die Rentenkassen. Die Zukunft hält weitere große Herausforderungen für die gesetzliche Rentenversicherung bereit. Die Vorschläge der Rürup-Kommission entwickeln die gesetzliche Rentenversicherung nicht weiter und reagieren nur auf einen Teil der Herausforderungen. Sie wollen die gesetzliche Rentenversicherung durch Leistungskürzungen und nicht durch das System weiter entwickelnde oder ergänzende Maßnahmen stabilisieren. Wir sind der festen Überzeugung, dass Reformen notwendig sind. Unsere Reformvorschläge zielen aber nicht auf immer neue Leistungsausgrenzungen und nicht auf die Privatisierung von Risiken.

5.1 Die Vorschläge der Rürup-Kommission

Die wichtigsten Beschlüsse der Kommission beschäftigten sich mit folgenden Fragen:

- Anhebung der Regelaltersgrenzen: Ab 2011 soll das gesetzliche Rentenzugangsalter von 65 auf 67 steigen. Die Anhebung soll von 2011 an in 24 Schritten erfolgen. Ab 2034 gälte das neue gesetzliche Rentenalter – erstmals für den Geburtsjahrgang 1969. Auch die vorzeitigen Rentenzugänge für Schwerbehinderte sollen demnach angehoben werden (auf 62 Jahre).
- Erwerbsminderungsrenten und Härtefallregeln: Die Anhebung des gesetzlichen Rentenalters soll begleitet werden von Veränderungen im Erwerbsminderungsrecht. Zumindest langfristig sollen durch den Übergang zu einer »abstrakten Betrachtungsweise« Ausweichtendenzen bekämpft werden. Durch Härtefall- und Vertrauensschutzregeln soll die Anhebung »verfassungsfest« gemacht werden.
- Senkung des Rentenniveaus: Das Rentenniveau soll nach Willen der Kommissionsmehrheit ab 2005 durch einen »Nachhaltigkeitsfaktor« abgesenkt werden. Der Faktor soll das Verhältnis von Versicherten zu RentnerInnen so gewichten, dass die politisch gesetzten Beitragsziele (20% im Jahr 2020 und 22% im Jahr 2030) eingehalten werden können.
- Reform der kapitalgedeckten Altersvorsorge: Bezüglich der »Riester-Rente« wird u.a. vorgeschlagen, dass der förderberechtigte Personenkreis auf alle Steuerpflichtigen ausgeweitet und die Höchstbeiträge dynamisiert werden sollen. Daneben wird eine Verbesserung der Kostentransparenz und der Vergleichbarkeit der Angebote gefordert.

- Familienlastenausgleich und Hinterbliebenenversorgung: Der Familienlastenausgleich in der GRV wird insgesamt als ausreichend angesehen. Ebenso werden Veränderungen im Hinterbliebenenrecht nicht für notwendig gehalten.
- Sicherung einer nachhaltig ausreichenden Schwankungsreserve in der gesetzlichen Rentenversicherung.

Außerdem wurden einige Reformvorschläge abgelehnt: Bemerkenswert ist, dass sich die Mehrheit der Kommission – einschließlich der gewerkschaftlichen VertreterInnen – gegen die Veränderung der Abschläge bei vorzeitigem Rentenbezug aussprach. Die Abschläge stellen die vierte »konventionelle« Stellschraube dar, um das Leistungsvolumen der GRV zu begrenzen. Die VertreterInnen der Gewerkschaften haben die Erhöhung der Abschläge abgelehnt, da die Abschläge den »Schaden«, den FrührentnerInnen der Versichertengemeinschaft zufügen, nach wie vor umfassend ausgleichen (so auch Ohsmann/Stolz/Thiede 2003). Eine anreizorientierte Ausgestaltung der Abschläge lehnen wir ab. Davon abgesehen halten wir Abschläge unter den gegenwärtigen und auch mittelfristig noch zu erwartenden schwierigen Arbeitsmarktbedingungen für ein fragwürdiges Instrument, Frühverrentungen zu verhindern. So gingen in Ostdeutschland im Jahr 2001 über 30% der RentnerInnen aus der Arbeitslosigkeit in vorzeitigen Ruhestand. Durch die damit verbundenen hohen Abschläge erleiden die Betroffenen große Nachteile durch die Massenarbeitslosigkeit.

Daneben wurden u. a. die Vorschläge zur Erwerbstätigenversicherung (vgl. folgender Abschnitt), zu einer steuerfinanzierten Grundrente und zum Rentenzugang unter Berücksichtigung der Versicherungsjahre (vgl. Abschnitt 5.3) abgelehnt.

5.2 Erwerbstätigenversicherung als solidarische Reformoption prüfen

Wir sind davon überzeugt, dass die solidarischen Sozialversicherungssysteme nur dann eine Zukunft haben, wenn ihre solidarische Basis gestärkt wird. In der Wissenschaft und in der Öffentlichkeit wird über das Modell der Erwerbstätigen- oder Bürgerversicherung als Weiterentwicklung der Sozialversicherungssysteme diskutiert. Die Gewerkschaften sind dabei, diese Debatte aufzugreifen und zu prüfen, ob die Erwerbstätigenversicherung eine sinnvolle Reformoption darstellen kann.

Bedauerlicherweise hat die Mehrheit der Kommission sich einer vertieften Diskussion der damit zusammenhängenden Fragen versperrt. Dies steht im klaren Widerspruch zum Auftrag der Bundesregierung an die Rürup-Kommission. Darin wurde der Kommission aufgegeben, die Absicherung der sich zunehmend pluralisierenden Erwerbsbiografien zu berücksichtigen.

Die Fixierung der Kommission auf die politisch gesetzten Beitragsziele und die Entscheidung gegen die Erwerbstätigenversicherung im Bereich der Rentenversicherung verengten die Diskussion zu einem sehr frühen Zeitpunkt auf einige wenige Stellschrauben: die Heraufsetzung des Renteneintrittsalters, die weitere Senkung des Rentenniveaus und die Erhöhung der Abschläge.

Votum des Kommissionsmitglieds Klaus Wiesehügel zur Reform der Rentenversicherung, Ergänzung zu dem Punkt 5.2 des Minderheitenvotums des DGB: Erwerbstätigenversicherung – Reform für mehr Solidarität

Um die Sozialversicherungssysteme zukunftsfähig zu machen, muss ihre Basis verbreitert werden – durch die Erweiterung des versicherten Personenkreises sowie durch die Heranziehung anderer Einkommensarten. Dies ist die einzig greifbare Alternative zu weiteren Leistungskürzungen und Privatisierungen von Risiken. Alle gehören in die solidarische Sozialversicherung. Wenn wir dies auf längere Sicht erreichen wollen, sind konkrete erste Reformschritte in diese Richtung sofort zu gehen.

Mit dem Vorschlag, die Basis der Rentenversicherung zu erweitern, verbinden sich folgende Ziele:

- die Befriedigung des elementaren Schutzbedürfnisses einer verlässlichen Altersversorgung auch bei veränderten Erwerbsbiografien;
- die Beitragssätze zumindest stabil zu halten, und dies trotz der prognostizierten demographischen Entwicklung;
- die Legitimation der sozialen Sicherungssysteme durch eine solidarische Verteilung der Finanzierungslasten zu verbreitern und ihre ökonomische und finanzielle Basis nachhaltig zu stärken.

Die Reformschritte:
Wir wollen eine umfassende Versicherungspflicht erreichen, die letztlich die gesamte erwachsene Wohnbevölkerung umfasst. Das bezieht auch Beamte, politische Mandatsträger und Selbständige mit ein.

Selbständige...

Im ersten Schritt soll die größer werdende Gruppe der Erwerbstätigen in die Rentenversicherung einbezogen werden, für die Selbständigkeit lediglich eine andere, z.T. auch nur vorübergehende Form prekärer Beschäftigung darstellt. Hier besteht ein erhebliches Schutzbedürfnis.

Im zweiten Schritt sollen auch diejenigen Selbständigen in die GRV einbezogen werden, die nicht unter prekären Bedingungen arbeiten und nicht in berufsständische Versorgungswerke integriert sind.

Rechtliche Probleme stellen sich bei den berufsständischen Versorgungswerken. Diese Probleme bedürfen der Prüfung und erfordern gegebenenfalls Stichtagsregelungen und Übergangsfristen. Allerdings kann die Reformoption eines umfassenden Solidarsystems GRV nicht von der Gesamtgesellschaft abgeschottete Teilkreisläufe für Gruppen mit besseren Risiken unberührt lassen. Sie ist auf deren solidarische Beteiligung angewiesen, um die Lasten derjenigen mit den schlechteren Risiken schultern zu können.

... und Beamte einbeziehen

Die gesamte Gruppe der Beamten wird nicht kurzfristig in die gesetzliche Rentenversicherung einzubeziehen sein, weil dem die Rechtsansprüche der jetzigen Beamten und Pensionäre entgegenstehen. Neben verfassungsrechtlichen Fragen stellt sich hier auch immer die Frage von Einnahmen und Ausgaben der Gebietskörperschaften sowie der politischen Auseinandersetzung über Lastenverteilungen.

Trotzdem halten wir langfristig unter Wahrung entsprechender Übergangsfristen den Einbezug der Beamten in das solidarische Sozialversicherungssystem für geboten. Ein erster, sofort umsetzbarer Schritt in diese Richtung ist der Einbezug aller neuen Beamten in die GRV, um an einer Stelle wenigstens im Interesse der Zukunftsfähigkeit der Sozialversicherungssysteme zu beginnen, das Knäuel dieser Sonderversorgungssysteme zu entwirren. In den ersten Jahren, wo noch keine Ansprüche aus diesen Einzahlungen entstehen, würde dies zu einer Entlastung der Rentenversicherung führen, später zu einer ausgeglichenen Einnahmen-Ausgaben-Bilanz. Gerade in den nächsten Jahren, wo die Arbeitsmarktsituation absehbar hochproblematisch bleibt, wäre diese Entlastung sehr wünschenswert, falls denn die Gleichung stimmen sollte, dass eine Senkung der Lohnnebenkosten zu neuen Arbeitsplätzen führt.

Die Beitragsbemessungsgrenze schrittweise aufheben

Die Beitragsbemessungsgrenze soll entfallen, zumindest schrittweise aufgehoben werden. Wer über ein höheres Einkommen verfügt, sollte sich gerade in ökonomisch und demographisch schwierigen Phasen an den Lasten der solidarischen Sozialversicherung beteiligen.

Bei Aufhebung der Beitragsbemessungsgrenze sollte eine stark degressive Kurve bei den aus höheren Beiträgen entstehenden Ansprüchen eingeführt werden, also eine degressiv proportionale Rentenhöhe. Die Aufhebung der Beitragsbemessungsgrenze wäre langfristig ein Nullsummenspiel, wenn die höheren Einzahlungen im Maßstab 1:1 höhere Auszahlungsansprüche begründen würden. Dass aus höheren Einzahlungen höhere Ansprüche folgen müssen, legt die verfassungsrechtliche Interpretation nahe, damit ist allerdings das Verhältnis von Einzahlung und Anspruch noch nicht festgelegt.

Die Autoren einer Studie der Hans-Böckler-Stiftung aus dem Jahre 2002 begründen dies unter Bezug auf ein Urteil des Bundesverfassungsgerichts vom 3. April 2001: »Die Entscheidungen (des Bundesverfassungsgerichts, d.Vf.) zeigen (...), dass der Gesetzgeber bei der Verfolgung legitimer Gemeinwohlzwecke eine sehr große Gestaltungsfreiheit hat und – zwar nicht im Kern-, aber im Randbereich – die individuelle allgemeine Handlungsfreiheit einschließlich der Sicherung der dafür zur Verfügung belassenen finanziellen Mittel erst sehr spät unverhältnismäßig eingeschränkt wird.« (Meinhardt u.a., Finanzielle Konsequenzen, edition Hans-Böckler-Stiftung 66, S. 68)

Die Geringfügigkeitsgrenze absenken

Die Geringfügigkeitsgrenze soll auf eine Bagatellgrenze abgesenkt werden. Jede dauerhafte Beschäftigung gehört in den Schutz der Sozialversicherung.

Aus den Erfahrungen vor der Reform von 1999 begründet sich die Befürchtung, dass die Eröffnung der Möglichkeit von Mini-Jobs bis zu einer Höhe von 400 Euro zur Zerlegung von regulär abgesicherten Beschäftigungsverhältnisse in Jobs unterhalb der Geringfügigkeitsgrenze führt. Damit entgehen der Sozialversicherung Einnahmen – der Verband Deutscher Rentenversicherungsträger geht von 600 Mio/Jahr aus. Eine erneute Erosion der Einnahmen, wie sie aufgrund der großen Verbreitung der geringfügigen Beschäftigungen in den 1990ern schon einmal auftrat, ist zu befürchten. Hinzu kommt, dass Frauen aus der für sie ungünstigen Lohnsteuerklasse V in die kurzfristig günstigeren Minijobs umsteigen. Damit wirkt hier eine weitere Erwerbsbremse für Frauen, die sie daran hindert, eine eigenständige Erwerbsbiografie und einen eigenständigen Zugang zu sozialer Absicherung aufzubauen.

Heranziehung anderer Einkommensarten
Erträge aus Vermögen, Vermietung und Verpachtung sowie alle sonstigen zu versteuernden Einkommensarten sollen zu Beiträgen für die gesetzliche Rentenversicherung herangezogen werden können. Gerade in Zeiten hoher Arbeitslosigkeit, aber auch angesichts der demographischen Perspektiven zeigt sich, dass die Finanzierung der sozialen Sicherung allein über die Arbeitseinkommen nicht mehr zeitgemäß ist. An der paritätischen Finanzierung der Beiträge, die auf Einkommen abhängiger Beschäftigter gezahlt werden, halte ich fest. Eine Ergänzung der paritätischen Finanzierung betrachte ich aber als notwendig.

Allerdings ist die Einbeziehung anderer Einkommensarten von den zu erwartenden Verteilungseffekten her nur bei erheblicher Anbzw. Aufhebung der Beitragsbemessungsgrenze vertretbar. Ansonsten würden ausschließlich diejenigen in die Pflicht genommen, deren Arbeitnehmereinkommen unterhalb der jetzt geltenden Beitragsbemessungsgrenze liegen. Versicherungspflichtige, deren versicherungspflichtige Einkommen darüber liegen, würden sich nicht zusätzlich beteiligen müssen. Auch Freibetragsregelungen kommen in Frage, um solche nicht gewünschten Verteilungswirkungen zu verhindern oder zu mindern.

5.3 Langjährige Versicherungszeiten honorieren
Grundsätzlich wirken sich lange Erwerbs- und Versicherungsbiografien in der jetzigen Rentensystematik positiv auf die Rentenhöhe aus. Faktisch sind aber Personen, deren Erwerbsbiografien durch den frühen Eintritt ins Erwerbsleben und einen langen Verbleib in Erwerbstätigkeit gekennzeichnet sind, häufig benachteiligt. Personen mit hohen körperlichen oder psychischen Belastungen bzw. mit ungesunden Arbeitsbedingungen – vor allem gewerbliche Arbeiter, aber auch im Angestelltenbereich – haben große Schwierigkeiten, nach einem frühen Eintritt bis zum Rentenalter durchzuarbeiten. Dies sollte künftig beim Renteneintritt berücksichtigt werden. Die Erwerbsminderungsrenten reichen dazu

nicht aus, dafür sind deren Kriterien zu eng. Sie erfassen die psychischen und physischen Folgen jahrzehntelanger Berufstätigkeit sowie die Realitäten auf dem Arbeitsmarkt nur ungenügend. Dies wiegt umso schwerer, als es sich beim angesprochenen Personenkreis selten um Erwerbstätige in höheren Lohngruppen handelt, die problemlos eine umfassende private Eigenvorsorge für das Alter finanzieren können.

Wir sind uns der Probleme bewusst, die mit der Berücksichtigung der skizzierten Folgen langjähriger Erwerbstätigkeit bei der Gewährung von Renten verbunden sind. Wegen der schwierigen Einzelfallbetrachtung plädieren wir für pauschale Lösungen. So haben wir vorgeschlagen, langjährig Versicherten künftig nach spätestens 44 Jahren den Renteneintritt auch vor dem Erreichen des gesetzlichen Renteneintrittsalters ohne Abschläge zu ermöglichen. Dementsprechende Initiativen wurden in der Rürup-Kommission allerdings abgelehnt.

In diesem Zusammenhang regen wir an, Vorschläge wie das Modell der Flexiblen Anwartschaftszeiten eingehender zu prüfen (vgl. Langelüddeke/Rabe/Thiede 1999). Nach diesem Modell, das vor wenigen Jahren von der Bundesversicherungsanstalt für Angestellte in die Debatte gebracht wurde, erwerben die Versicherten mit ihren Beiträgen nicht nur Rentenanwartschaften, sondern auch Anrechte, Übergänge oder »Auszeiten« rentenrechtlich abzusichern. Das Modell erlaubt die Umverteilung von solchen ArbeitnehmerInnen, die solche Übergänge oder »Auszeiten« nicht wahrnehmen (müssen), und solchen, die dies wollen oder müssen.

5.4 Familienlastenausgleich und Hinterbliebenenversorgung in der gesetzlichen Rentenversicherung

Frauen sind heute auch mit Kindern zunehmend erwerbstätig. Aber sie sind vorwiegend in Teilzeit und geringfügig beschäftigt. Auch der Ausbau des Niedriglohnsektors kann sich zu Ungunsten der existenzsichernden weiblichen Erwerbsarbeit auswirken. Diese Benachteiligung der Frauen am Arbeitsmarkt hat in der Vergangenheit dazu geführt, dass Frauen ein niedrigeres Niveau eigenständiger Ansprüche an sozialer Sicherheit erreichten als Männer. Verheiratete Frauen mit und ohne Kinder hatten in Abhängigkeit vom Einkommen des Ehemannes an sozialer Sicherung teil. Die Witwenrente übersteigt noch heute die Höhe der Rente aus eigenständig erworbenen Ansprüchen. Daran hat auch die Anerkennung von Kindererziehungszeiten in der gesetzlichen Rentenversicherung nichts geändert. Die prekäre Lage am Arbeitsmarkt führt auch in Zukunft für Frauen zu niedrigen Alterseinkünften. Deshalb wird die Hinterbliebenenversorgung weiterhin eine wichtige Rolle im Alterssicherungssystem spielen müssen. Die eigenständige Alterssicherung der Frau entspricht zwar unserem Leitbild, allerdings noch nicht den gesellschaftlichen und arbeitsmarktlichen Realitäten.

Weitere Rentenkürzungen würden langfristig den Wert der abgeleiteten Renten nochmals verringern. Deshalb erhält die eigenständige soziale Sicherung der Frau unabhängig vom Familienstand – deren Basis die Erwerbstätigkeit der Frau ist – eine immer größere Bedeutung. Die Integration der Frau in den Arbeitsmarkt ist auch im Zuge des demographischen Wandels angesagt. Die kindbezogenen Leistungen, die aus Steuermitteln finanziert werden sollen, sind Teil dieser eigenständigen sozialen Sicherung. Diese Auffassung spiegelt sich implizit auch in den Beschlüssen der Rürup-Kommission wider (so auch Gesellschaft für Versicherungswissenschaft und -gestaltung 2003). Deshalb haben die VertreterInnen der Gewerkschaften diesen Beschlüssen zugestimmt.

5.5 Die Anhebung des gesetzlichen Rentenalters

Die Rürup-Kommission schlägt die Erhöhung des gesetzlichen Rentenalters von 65 auf 67 vor.

Die Vertreter der Gewerkschaften haben diesen Beschluss abgelehnt. Zurzeit erreichen die wenigsten ArbeitnehmerInnen das gesetzliche Renteneintrittsalter von 65. Das reale und das gesetzliche Renteneintrittsalter klaffen erheblich auseinander. Die Arbeitsmarktlage verhindert nicht nur aktuell eine hohe Erwerbsbeteiligung. Auch die Rürup-Prognosen für die Zeit ab 2010 sagen nur langsam abnehmende Arbeitslosenzahlen voraus. Damit wird sich der Arbeitsmarkt insbesondere für ältere ArbeitnehmerInnen zu dem Zeitpunkt, zu dem die Anhebung beginnen soll, noch sehr schwierig darstellen. Ohne gravierende beschäftigungspolitische Verbesserungen verschärft sich zudem durch die längere Lebensarbeitszeit die Konkurrenz auf dem Arbeitsmarkt – z.B. zulasten von Berufs(wieder)einsteigerInnen oder von Menschen mit Handicaps.

Die formale Verlängerung der Erwerbsphase über ein höheres gesetzliches Rentenalter ohne reales Erwerbsangebot und Einzahlungsmöglichkeiten in die Rentenversicherung droht eine steigende Zahl älterer Menschen in die Armut zu drängen. Die Erwerbsbiografien könnten zum Ende hin »ausfransen«: Dem Ausscheiden aus dem Betrieb, z.B. mit Anfang 60, kann so eine quälende Lebensphase folgen, in denen Arbeitslosengeld, das neue Arbeitslosengeld II oder auch Krankengeld bezogen werden müssen, weil die Verrentung in weite Ferne gerückt ist. Die Verlängerung der Lebensarbeitszeit bedeutet deshalb für viele Menschen eine Einschränkung der Lebensqualität im Alter.

Außerdem weigerte sich die Kommission, die Anhebung des Rentenalters sozial verträglich auszugestalten: Es werden zwar Übergangsfristen vorgeschlagen, um den verfassungsmäßig gebotenen Vertrauensschutz zu gewähren. Davon abgesehen allerdings sind keine Sonderregelungen für erwerbsgeminderte, schwerbehinderte und langzeitarbeitslose Versicherte vorgesehen. Selbst langjährig Versicherte, die bereits in frühen Jahren in das Erwerbsleben traten und für die ein Rentenalter 67 bedeuten würde, bis zu 50 Berufsjahre hinter sich bringen zu müssen, sollen nach dem Willen der Rürup-Kommission keine sozial verträgliche Abfederung erhalten.

Stattdessen beschloss die Rürup-Kommission, dass geprüft werden solle, ob die Erwerbsminderung mittelfristig der »abstrakten Betrachtung« unterzogen werden soll. Das würde bedeuten, dass die Offenheit des Arbeitsmarkts für Erwerbsgeminderte, die noch zwischen drei und sechs Stunden pro Tag arbeiten können, keine Rolle mehr bei der Gewährung von Erwerbsminderungsrenten spielen würde. Statt Menschen, die durch ein langes Erwerbsleben stark belastet sind, in der Erwerbsminderungsrente einen Ausweg einzuräumen, wenn eine berufliche Tätigkeit unter den üblichen Bedingungen des Arbeitsmarkts nicht mehr möglich oder wahrscheinlich ist, sind die Rürup-Vorschläge zur Erwerbsminderungsrente darauf gerichtet, »Ausweichtendenzen« zu verhindern.

Entgegenkommen für langjährig Versicherte beweisen sollte der Beschluss der Rürup-Kommission, dass diese nicht nur drei, sondern bis zu fünf Jahre früher in Rente gehen können sollten – allerdings nur mit den entsprechend hohen Abschlägen von bis zu 18%. Dies wäre für die meisten ArbeitnehmerInnen eine nicht verkraftbare Kürzung der Renten.

Ignoriert wurde in der Diskussion um eine Anhebung des Renteneintrittsalters, dass die Abschaffung der Altersrenten für Frauen und der Altersrenten wegen Arbeitslosigkeit und nach Altersteilzeit ab 2012 – wie sie bereits im »Rentenreformgesetz 1992« beschlossen wurden –, bereits zu einer deutlichen Verschärfung der Rechtslage beiträgt. Die Abschläge, die nunmehr bei einem vorzeitigen Rentenzugang in Kauf genommen werden müssen, tragen bereits jetzt, nur zwei Jahre nach Inkrafttreten, zu einem steigenden tatsächlichen Rentenalter bei. Auch Schwerbehinderte und Erwerbsgeminderte sind von den Abschlägen betroffen. Es macht Sinn, vor einer Anhebung des gesetzlichen Rentenalters die Wirkungen dieser Neuregelungen zu beobachten und zu gewichten. Dabei ist auch zu berücksichtigen, ob sich die Arbeitsmarktlage von Älteren verbessert und welche soziale Folgen die bereits vollzogene

Anhebung des Rentenalters für Schwerbehinderte und Erwerbsgeminderte erzeugt.

Auf einen solchen Ausflug in die soziale Realität wollte sich die Mehrheit in der Kommission nicht einlassen. Deshalb haben die Vertreter der Gewerkschaften dem Vorschlag nicht zugestimmt.

5.6 Die Senkung des Rentenniveaus

Die Reformmaßnahmen der Rentenreform 2001 sollten unter dem Gesichtspunkt der »Beitragssatzstabilität« dafür Sorge tragen, den Beitragssatz bis zum Jahr 2020 nicht über 20% und bis zum Jahr 2030 nicht über 22% ansteigen zu lassen. Die Prognose der Rürup-Kommission hingegen besagt, dass der Beitragssatz die 20%-Grenze bereits ungefähr im Jahr 2015 und die 22%-Grenze im Jahr 2023 überschreiten würde. Um dies zu verhindern, wird vorgeschlagen, die künftige Rentenentwicklung noch weiter zu dämpfen. Das wichtigste Instrument hierfür ist der Einbau eines »Nachhaltigkeitsfaktors« in die Rentenformel.

Zusätzlich soll die bisherige Berechnungsbasis für die Rentenanpassungen – die Einkommensentwicklung aller abhängig Beschäftigten – umgestellt werden auf die Entwicklung nur der versicherungspflichtigen Einkommen. Damit bleibt die Entwicklung der Einkommen von Beamten und der Einkommen oberhalb der Beitragsbemessungsgrenze außen vor. Die AutorInnen haben diesen zweiten Vorschlag mitgetragen: Er ist sozialpolitisch vertretbar, weil er aller Voraussicht nach zu keiner *wesentlichen* Verschlechterung der Rentenentwicklung führt. Zum anderen ist er systematisch gut begründet: Er bindet die Rentenentwicklung an die Einkommensentwicklung der versicherungspflichtigen ArbeitnehmerInnen. Damit wird sichergestellt, dass RentnerInnen bei der Einkommensentwicklung nicht besser gestellt werden als die BeitragszahlerInnen – aber auch nicht schlechter. Damit kann auch verhindert werden, dass Beitragssatzsteigerungen deswegen notwendig werden, weil sich die nicht-versicherungspflichtigen Einkommen abhängig Beschäftigter wesentlich positiver entwickeln als die versicherungspflichtigen Einkommen.

Den »Nachhaltigkeitsfaktor« hingegen lehnen wir ab. Der Faktor soll das Verhältnis von Versicherten zu RentnerInnen berücksichtigen und so gewichten, dass die politisch gesetzten Beitragsziele (20% im Jahr 2020 und 22% im Jahr 2030) eingehalten werden können. Er suggeriert mit der Berücksichtigung des Verhältnisses von Versicherten zu LeistungsempfängerInnen eine stichhaltige inhaltliche Begründung – erst durch die Gewichtung des Verhältnisses durch den Gewichtungsparameter *»Alpha«* erhält der Faktor allerdings seine echte Funktion, das Rentenniveau auf das Ziel der Beitragssicherung hin zu definieren. Es würde dadurch darauf verzichtet, eine sozialpolitisch definierte Zielgröße für das Sicherungsniveau festzulegen. Nach den Annahmen der Rürup-Kommission würde der Nachhaltigkeitsfaktor zu einer Absenkung des Bruttorentenniveaus um ca. 2,2%-Punkte führen. Dies entspricht einer Absenkung der Standardrente (preisbereinigt; Schätzung für 2030) von 1.662 Euro auf 1.576 Euro.

Bei Umsetzung dieses Vorschlags wären die Leistungen der gesetzlichen Rentenversicherung für die Versicherten nicht mehr kalkulierbar. Das für die langfristige Vorsorgeplanung notwendige Vertrauen in die Umlagefinanzierung wird damit untergraben, die Vorsorgeplanung selbst erschwert. Schließlich verliert die »Sicherungslücke« zwischen gesetzlicher Rente und dem individuell angestrebten Lebensstandard durch das volatile Sicherungsniveau an Planbarkeit. Gleichzeitig verliert die mit der »Riester-Rente« verknüpfte Behauptung, mit dem kapitalgedeckten ergänzenden Baustein könne langfristig das Brutto- Gesamtversorgungsniveau im Wesentlichen gehalten werden, an Glaubwürdigkeit.

Die geplante Senkung des Rentenniveaus wird insbesondere diejenigen im unteren und mittleren Einkommensbereich treffen. Die Zahl der Renten auf oder unter Sozialhilfeniveau wird zunehmen. Die Grundsicherung kann dies nur begrenzt auffangen; wird sie noch häufiger zum Ausfallbürgen des Rentenversicherungssystems, leiden darunter insbesondere auch die Kommunen, da sie die Kosten der Grundsicherung tragen.

Bedenklich ist auch, dass Frauen zu den Verlierern dieser Empfehlungen gehören, da sie immer noch im Durchschnitt ein erheblich niedrigeres Lohnniveau als Männer und entsprechend niedrigere Renten haben.

Aus den genannten Gründen haben die VertreterInnen der Gewerkschaften in der Rürup-Kommission den Nachhaltigkeitsfaktor abgelehnt.

5.7 Die kapitalgedeckte Altersvorsorge

2001 wurde die kapitalgedeckte Vorsorge als ergänzende Säule der gesetzlichen Rentenversicherung gestärkt. Die Gewerkschaften haben in der Auseinandersetzung um die »Riester-Reform« wichtige Verbesserungen der ursprünglichen Konzepte durchsetzen können: Eine großzügige staatliche Förderung insbesondere im unteren Einkommensbereich, einen hohen Verbraucherschutz und den Vorrang für kollektive Formen der kapitalgedeckten Vorsorge. Bei der Weiterentwicklung der »Riester-

Rente« kann es nur darum gehen, die Verbreitung bei den versicherungspflichtigen Beschäftigten zu erhöhen. Eine Ausweitung der kapitalgedeckten Vorsorge in dem Sinne, dass die kapitalgedeckte Säule zulasten der gesetzlichen Rente weiter gestärkt wird, lehnen wir ab. Der Trend zur Privatisierung und damit der Ausstieg aus der paritätischen Finanzierung darf nicht weiter vorangetrieben werden. Die Nachteile der Kapitaldeckung – der fehlende soziale Ausgleich und die Risikoträchtigkeit des Kapitalmarkts – wiegen umso schwerer, desto bedeutender ihr Anteil in der Vorsorgeplanung der Menschen ist. Deshalb sprechen wir uns gegen eine weitere Absenkung des Rentenniveaus in der GRV aus. Die Riester-Rente wurde eingerichtet, um die in der gesetzlichen Rentenversicherung vorhandene bzw. geschaffene Sicherungslücke auszugleichen. Weitere Lücken dürfen gar nicht erst aufgerissen werden.

Einer Ausweitung des förderberechtigten Personenkreises, wie von der Kommission vorgeschlagen, über den Kreis der gesetzlich Rentenversicherten hinaus auf alle Steuerpflichtigen stehen wir kritisch gegenüber – zumindest, was die Zulagenförderung angeht. Dies würde dem gerade beschriebenen Zweck der »Riester-Rente« – die Füllung der Sicherungslücke, die durch die verschiedenen Rentenreformen gerissen wurde – widersprechen. Davon unberührt ist die Frage der steuerlichen Behandlung von Beiträgen und Rentenzahlungen im Bereich der kapitalgedeckten Vorsorge. Die Freistellung der Beiträge nach dem Prinzip der nachgelagerten Besteuerung führt zu einer gerechten Besteuerung nach Leistungsfähigkeit.

Ebenso kritisch bewerten wir den Vorschlag, die Höhe der förderfähigen Höchstbeiträge an die Beitragsbemessungsgrenze zu koppeln und damit jährlich zu dynamisieren. Grundsätzlich wäre dies zwar wünschenswert, führt aber finanziell zu nennenswerten Belastungen der öffentlichen Haushalte. Vorrang muss die regelmäßige Anpassung der Zulagen haben, weil diese den ArbeitnehmerInnen mit niedrigen Einkommen zugute kommen und für deren Sparfähigkeit hohe Bedeutung haben. Nur, wenn weiterer finanzieller Spielraum vorhanden ist, können auch die steuerlich absetzbaren Höchstbeiträge dynamisiert werden.

Die Rahmenbedingungen für die geförderte Altersvorsorge sind weiter zum Nutzen von ArbeitnehmerInnen zu verbessern. Die Vorschläge, die die Kommission dazu macht – die Verpflichtung der privaten Anbieter, eine Renteninformation zu erstellen, die Erhöhung der Kostentransparenz und die Verbesserung der statistischen Informationen – werden von uns begrüßt. Bislang fehlt es in aller Regel an Transparenz der angebotenen Vorsorgeprodukte: Weder wird eine einheitliche Terminologie verwendet noch ist verbindlich vorgegeben, wann welche Kosten in Ansatz gebracht werden dürfen. Dies macht die Vergleichbarkeit der unterschiedlichen Produkte, aber auch die Bewertung eines Arbeitgeberangebots fast unmöglich. Es bedarf deshalb gesetzlicher Regelungen, um eine sinnvolle Entscheidungsgrundlage für die Arbeitnehmerinnen und Arbeitnehmer zu schaffen. Dazu gehört auch, die Renteninformationen der gesetzlichen Rentenversicherung und der Anbieter kapitalgedeckter Vorsorge aneinander anzupassen.

Ebenso wäre eine Bewertung der Anlagen, die von einer unabhängigen Stelle durchgeführt wird und die nach einem vorher festgelegten Katalog Sicherheit und Rendite berücksichtigt, als Entscheidungsgrundlage sinnvoll.

Die Rolle der kollektiven Formen der kapitalgedeckten Vorsorge – die betriebliche Vorsorge, möglichst tarifvertraglich gestaltet – sollte weiter gestärkt werden. Unter den Gesichtspunkten einer optimalen Rendite, eines hohen Anlageschutzes und der Transparenz der Anlagen bietet sie eindeutige Vorteile. Zudem kann hier eher die Beteiligung der Arbeitgeber an den Aufwendungen erreicht werden. Neben der Vereinheitlichung der Förderbedingungen schlagen wir weitere Veränderungen vor, um die betriebliche Altersvorsorge zu optimieren:

a. Erhöhung der Flexibilität

Die Vorschriften zur Übernahme und Abfindung von Anwartschaften auf betriebliche Altersversorgung sind unzureichend und müssen den veränderten Erwerbsbiografien angepasst werden. Der Tatsache, dass Arbeitgeberwechsel im Laufe eines Berufslebens inzwischen die Regel sind, muss durch eine Verbesserung und vor allem einer Konkretisierung der gesetzlichen Vorschriften Rechnung getragen werden.

b. Erhöhung der Wahlmöglichkeiten
und obligatorische betriebliche Altersvorsorge

Die Wahlmöglichkeiten der ArbeitnehmerInnen bei der Festlegung geeigneter Vorsorgeprodukte sollten gestärkt werden. Ein Weg dazu wäre, den ArbeitnehmerInnen das Recht einzuräumen, den ArbeitgeberInnen einen Durchführungsweg vorzuschlagen, den der Arbeitgeber grundsätzlich akzeptieren muss. Ein gesetzlich festgelegtes Initiativrecht des Betriebsrates und ein Mitbestimmungsrecht bei der Wahl des Produktes würden ebenfalls positive Wirkungen erzielen.

Die Erhöhung der Wahlfreiheit sollte verbunden werden mit der Einführung einer Verpflichtung des Arbeitgebers, von sich aus ein Angebot zum Aufbau einer betrieblichen Altersvorsorge zu machen – unabhängig von der Geltendmachung des Rechtsanspruchs auf Entgeltumwandlung durch die ArbeitnehmerInnen. Eine solche Verpflichtung des Arbeitgebers zum Angebot einer betrieblichen Altersversorgung könnte dann zum Obligatorium (so dass alle ArbeitnehmerInnen in eine betriebliche Altersvorsorge eingebunden sein müssen) weiterentwickelt werden. Insgesamt sollten aber kollektive, kooperativ mit den Arbeitgebern entwickelte Lösungen im Mittelpunkt der Reform der kapitalgedeckten Vorsorge stehen. Durch einfache, durchschaubare gesetzliche Regeln können Rahmenbedingungen geschaffen werden, die die Anstrengungen der Sozialpartner unterstützen.

Mittelfristig stellt die obligatorische betriebliche Altersvorsorge eine wünschenswerte Weiterentwicklung der kapitalgedeckten Altersvorsorge dar. Dabei sollte eine finanzielle Beteiligung des Arbeitgebers vorgesehen sein. Tarifvertragliche Regelungen können dabei eine große Rolle spielen. Die Vorteile der kollektiven Formen der kapitalgedeckten Vorsorge wurden bereits dargestellt. Vor allem kann eine flächendeckende Ausbreitung betrieblicher Altersversorgung ohne eine gesetzliche Verpflichtung des Arbeitgebers, diese einzurichten, nicht erreicht werden. Diese ist aber – insbesondere aufgrund der Sicherungslücke zwischen gesetzlicher Rente und einem Lebensstandard sichernden Alterseinkommen – sozialpolitisch notwendig. Eine obligatorische betriebliche Altersvorsorge findet allerdings nur dann unsere Zustimmung, wenn sie mit einer finanziellen Beteiligung der Arbeitgeber an den Vorsorgeaufwendungen verbunden wird.

c. Einzahlungs- und Auszahlungsgerechtigkeit schaffen

Frauen und Männer haben bislang bei der privaten Altersvorsorge keine gleichen Bedingungen bei der Gestaltung der Verträge. Männer sind bevorzugt, da sie aufgrund ihrer geringeren statistischen Lebenserwartung geringere Beiträge für die gleiche monatliche Rente zahlen müssen als Frauen. Bislang ist es bei der privaten Vorsorge nicht gelungen, Angebote zu schaffen, die für Männer und Frauen gleiche Beträge bei Ein- und Auszahlung vorsehen. Nur bei kollektiven – betrieblichen oder tarifvertraglichen Vorsorgeformen – konnte Geschlechtergerechtigkeit verwirklicht werden. Auch dies spricht für die Stärkung der betrieblichen Altersvorsorge – bis hin zum Obligatorium. Solange dieses aber nicht eingeführt worden ist, ist es im Hinblick auf Versorgungsgerechtigkeit notwendig, durch gesetzgeberische Maßnahmen die Anbieter von Altersvorsorgeprodukten zu diesen Angeboten zu verpflichten. Wir unterstützen an diesem Punkt die Europäische Kommission, die diesbezügliche Aktivitäten entwickelt hat.

5.8 Die rentenpolitischen Vorschläge der Kommission in der Gesamtbetrachtung

Wir sind der Ansicht, dass die mehrheitlich verabschiedeten Vorschläge die nachhaltige Finanzierung der gesetzlichen Rentenversicherung aus sozialpolitischen Gründen nicht gewährleisten. Es kann festgestellt werden, dass die Rürup-Kommission im Bereich der gesetzlichen Rentenversicherung kaum innovative Ideen entwickelt hat. Die Stellschrauben der konventionellen Rentenpolitik – Rentenalter, Rentenanpassung und Abschläge – waren bereits vorher ausführlich diskutiert. Die Ausgestaltung der einzelnen Reformbestandteile besitzt ebenfalls keinen neuartigen Charakter. Vor allem konzentrierte sich die Kommission entgegen ihres Auftrags nur auf die Herausforderung der Demographie; genderorientierte Fragestellungen und der Wandel der Arbeitswelt wurden beispielsweise ignoriert.

Verlierer der vorgeschlagenen Veränderungen werden die bereits benachteiligten Menschen in unserer Gesellschaft, wie Schwerbehinderte und Erwerbsgeminderte sein, aber auch diejenigen, die unterbrochene Erwerbsbiografien haben – insbesondere Frauen oder Langzeitarbeitslose. Die gravierenden Auswirkungen der Reformvorschläge werden nicht bei einzelnen Maßnahmen für sich betrachtet sichtbar, sondern erschließen sich erst bei einem Zusammenspiel aller Maßnahmen innerhalb und außerhalb des Rentenrechts.

Erstens wurden seit dem »Rentenreformgesetz« 1992 mehrere deutliche Einschnitte in den Leistungsumfang vorgenommen: unter anderem durch Verkürzung der Anrechnungszeiten für Ausbildung und die Anhebung der Altersgrenzen; durch die Senkung der Beiträge für Arbeitslosenhilfeempfänger und die Neuordnung der Erwerbsminderungsrenten; sowie durch die Absenkung der Hinterbliebenenrenten, die inflationsorientierte Rentenanpassung im Jahr 2000 und die Absenkung des Rentenniveaus durch die »Riester-Reform«. Dem stehen zwar auch rentensteigernde Maßnahmen gegenüber, insbesondere durch familienpolitisch orientierte Verbesserungen. Insgesamt aber wurden die Leistungen in einem Umfang gemindert, der im Jahr 2030 mindestens zehn Beitragspunkte ausmacht (d.h. ungefähr um ein Drittel).

Die Rürup-Kommission schlägt, zweitens, folgende rentenpolitische Maßnahmen vor, die ebenfalls den Leistungsumfang einschränken:

- Verlängerung der Lebensarbeitszeit (siehe 5.5), und

- die Absenkung des Rentenniveaus durch den »Nachhaltigkeitsfaktor« und die neue Berechnungsgrundlage (siehe 5.6).

Darüber hinaus wird, drittens, der geplante Übergang zur nachgelagerten Besteuerung von Beiträgen und Renten zu einer deutlichen Verschlechterung der Netto-Position von RentnerInnen und zu wesentlich höheren Rückflüssen von den RuheständlerInnen in die öffentlichen Kassen führen.

Viertens schlägt die Kommission in der gesetzlichen Pflegeversicherung einen »generativen Ausgleichsbeitrag« vor, der nur von RentnerInnen zu zahlen wäre. Beträgt er, wie in einem Arbeitspapier vorgeschlagen, 2% der versicherungspflichtigen Einkommen, würde dies die Nettorente des Standardrentners um weitere 20 Euro mindern.

Auch bei der gesetzlichen Krankenversicherung kommt es, fünftens, zu nennenswerten Mehrbelastungen der älteren Generation: Auch RentnerInnen werden zukünftig 53% des Gesamtkrankenversicherungsbeitrags zahlen, obwohl sie keine Krankengeldansprüche haben werden; die Erhöhung der Zuzahlungsbeträge wird ebenfalls in besonderem Maße zulasten älterer Menschen gehen.

Die von der Mehrheit der Kommission vertretenen Leistungskürzungen wurden mit dem Hinweis auf Generationengerechtigkeit begründet. Dem ist entgegenzuhalten,

- dass der Versuch, gerechte Lösungen zwischen den Generationen anzustreben, nicht die intragenerative Gerechtigkeit verletzen darf; die dargestellten Belastungen werden aber vor allem die treffen, die überwiegend auf gesetzliche Renten angewiesen sind – also vornehmlich ehemals einkommensschwache ArbeitnehmerInnen;
- dass die Belastungen zum Teil erst langfristig ihre volle Wirkung entfalten und deshalb in besonderem Maße die RentnerInnengeneration treffen werden, die vorher die geburtenstarken Jahrgänge in deren Ruhestandszeit finanziert hat; und
- dass Eingriffe in das Rentenniveau der aktuellen RentnerInnen-Generation immer auch Leistungskürzungen für künftige Generationen bewirken.

Diese Kritik am Gerechtigkeitsbegriff der Mehrheit der Kommission wiegt auch deshalb besonders schwer, weil andere gewichtige Herausforderungen – die Auswirkungen der Massenarbeitslosigkeit und die Fragen der Erwerbstätigenquote, der Innovationskraft der Wirtschaft und die Überfrachtung der Sozialen Sicherungssysteme mit Aufgaben, die im gesamtgesellschaftlichen Interesse sind –, durch die Reformansätze nicht angegangen werden. Vertrauen, das ein auf lange Zeit angelegtes System dringend benötigt, wird durch die in Aussicht gestellten niedrigeren Renten weiter zerstört. Dem Trend, Altersrisiken privat abzusichern und sich so vom Generationenvertrag zu lösen, wird dadurch Vorschub geleistet. Das Zusammenwirken der dargestellten Maßnahmen verschlechtert die finanzielle Situation der älteren Menschen erheblich. Sie erhöht die Wahrscheinlichkeit von Altersarmut. Damit gerät einer der wichtigsten sozialpolitischen Erfolge der letzten Jahrzehnte in Gefahr.

Wir haben mit dem Anstoß, über die mittel- und langfristige Einführung einer Erwerbstätigenversicherung eine gesellschaftliche Debatte zu führen, mit der Forderung zur Gestaltung eines altersgerechten Arbeitsmarkts und den Vorschlägen zur Weiterentwicklung der kapitalgedeckten Vorsorge konstruktive Gegenvorschläge gemacht.

6. Gesetzliche Pflegeversicherung

Als 1995 die Pflegeversicherung als fünfte und letzte Säule des gegliederten Systems der Sozialversicherung in Deutschland zu wirken begann, war dies ein erster institutioneller Reflex auf eine sich stark verändernde gesellschaftliche Wirklichkeit: Parallel zur Zahl der Pflegebedürftigen hatte auch die Zahl der Menschen zugenommen, die allein aufgrund ihrer Pflegebedürftigkeit auf Leistungen der Sozialhilfe angewiesen waren. Zudem nahm wegen der geänderten Arbeits- und Lebensweisen gleichzeitig die Zahl der Menschen ab, die bereit und in der Lage sind, pflegerische Betreuungsaufgaben gegenüber solchen Angehörigen zu übernehmen, die ihren Alltag nicht mehr selbständig bewältigen können.

In Reaktion auf diese gesellschaftlichen Entwicklungen hatte die Einführung der gesetzlichen Pflegeversicherung folgende zentralen Ziele: Sie sollte erstens durch die Bereitstellung einer Infrastruktur für professionelle Pflege die Voraussetzungen für eine verbesserte Versorgung Pflegebedürftiger schaffen; zweitens sollte eine im Umlageverfahren finanzierte Basissicherung dafür sorgen, dass in der überwiegenden Zahl der Fälle Pflegebedürftigkeit nicht mehr Sozialhilfeabhängigkeit bedeutet. Beide Ziele wurden – wenn auch mit wesentlichen Einschränkungen – erreicht.

Mehr als eine Basissicherung war allerdings aufgrund der politischen Vorgaben nicht möglich: Der Beitragssatz wurde auf 1,7% festgeschrieben; die Leistungen wurden der Höhe und dem Umfang nach sehr restriktiv definiert. Aber selbst diese Basissicherung ist gefährdet, da die

Leistungen kontinuierlich entwertet werden: So ist nicht nur die Höhe des Beitragssatzes seit 1995 mit 1,7% unverändert geblieben, auch sämtliche Geldleistungen wurden während der zurückliegenden acht Jahre kein einziges Mal angepasst. Weder die allgemeine Preissteigerung noch die Gehaltssteigerungen bei den Leistungserbringern wurden berücksichtigt. Daraus ergibt sich ein dringender Bedarf nach einer Weiterentwicklung der Pflegeversicherung – sowohl bei der Finanzierungsbasis als auch bei den Leistungen.

6.1 Die Vorschläge der Kommissionsmehrheit

Das von der Kommission beratene »Gesamtkonzept zur Reform der sozialen Pflegeversicherung« lässt sich in drei Komplexe unterteilen:

- Gestaltung des Familienlastenausgleichs in der gesetzlichen Pflegeversicherung;
- Beseitigung von Fehlanreizen und notwendige Leistungskorrekturen;
- generationengerechte Sicherung der Finanzierungsbasis.

Wir stimmen zwar an vielen Punkten mit der Analyse überein, die die Mehrheit der Kommission vornimmt. Die Vorschläge, die den Missständen abhelfen sollen, können wir allerdings großteils nicht mittragen. Unsere Kritik richtet sich im Besonderen gegen die vorgeschlagene Neugestaltung der Leistungen (vgl. Abschnitt 6.4) und gegen den »intergenerativen Lastenausgleich« (vgl. 6.5).

6.2 Familienlastenausgleich nach Entscheidung des Bundesverfassungsgerichtes

Das Pflegeversicherungsurteil des Bundesverfassungsgerichts zwingt den Bundesgesetzgeber, Erziehenden auf der Beitragsseite eine Entlastung zukommen zu lassen. In der Kommission wurde zunächst der Vorschlag diskutiert, einen Beitragszuschlag für Kinderlose in Höhe von zwei Euro pro Monat zu erheben, um damit den Vorgaben des Bundesverfassungsgerichts gerecht zu werden. Schließlich nahm die Kommission den Vorschlag auf, die vom Verfassungsgericht geforderte beitragsseitige Begünstigung von Erziehenden über steuerliche Zuschüsse für die Pflegeversicherung zu finanzieren.

Wir halten diese Lösung für geboten. Der Sache nach handelt es sich um eine Entlastung bzw. angemessene Berücksichtigung der Belastung von Kindererziehenden. Damit gehört die Maßnahme in den Bereich der Familienpolitik.

Dies widerspricht auch nicht der Entscheidung des Bundesverfassungsgerichtes, das der Politik im Bereich der Pflegeversicherung sehr präzise

Auflagen gemacht hatte: Das Gericht verlangt zwar ausdrücklich, Kindererziehung im Rahmen der Pflegeversicherung auf der Beitragsseite zu berücksichtigen. Es liegt jedoch am Gestaltungswillen der Politik, die Gesamtrechtslage so zu ändern, dass eine systematisch richtige Zuordnung der Kosten für familienpolitische Leistungen möglich wird (vgl. Abschnitt 3.3).

6.3 Steuerfinanzierung von Rentenversicherungsbeiträgen für nichterwerbsmäßig pflegende Angehörige

Für Zeiten, in denen Familienangehörige Pflegebedürftige pflegen, zahlt die Pflegeversicherung Beiträge zur gesetzlichen Rentenversicherung. Dadurch findet eine Anerkennung der Leistungen pflegender Angehöriger statt; Lücken in der Versicherungsbiografie der pflegenden Angehörigen werden dadurch verhindert. Zudem wird damit ein Anreiz gesetzt, Pflegebedürftige zu Hause durch Bezugspersonen aus der eigenen Familie zu pflegen.

Die Mehrheit der Rürup-Kommission hat sich gegen eine Steuerfinanzierung dieser Rentenversicherungsbeiträge für pflegende Familienangehörige ausgesprochen. Es handele sich bei der Anerkennung dieser Pflegezeiten nicht um eine »versicherungsfremde Leistung«, da diese Leistung *indirekt* den Pflegebedürftigen zugute käme. Daneben wird davor gewarnt, sich von Bundesmitteln abhängig zu machen, die später eingeschränkt oder abgeschafft werden könnten.

Diese Argumentation halten wir für nicht stichhaltig: Zum einen geht es um einen Betrag in Höhe von höchstens einer Mrd. Euro (Stand: 2002). An anderer Stelle, bei der Finanzierung des Sozialausgleichs im Kopfprämienmodell, würden zusätzliche Steuermittel in Höhe von vier bis zehn Mrd. Euro beansprucht.

Zum anderen ist in der gesetzlichen Rentenversicherung mit der Zahlung von Beiträgen durch den *Bund* für Kindererziehungszeiten bereits ein systemgerechter Weg für die Finanzierung familienpolitischer Leistungen eingeschlagen worden. Die daraus resultierenden Rentenleistungen kommen dem Versicherten nicht nur indirekt, sondern sogar *direkt* zugute. Trotzdem sind sie über Steuern zu finanzieren, da es sich dabei um eine familienpolitische und damit gesamtgesellschaftliche Aufgabe handelt. Auch bei der Zahlung von Beiträgen zur Rentenversicherung für Pflegezeiten geht es um die Anerkennung von Leistungen, die gegenüber hilfsbedürftigen Familienmitgliedern erbracht werden. Somit ist die Beitragszahlung für pflegende Angehörige als familienpolitisch motivierte Regelung zu betrachten. Sie sollte nicht von der Pflegeversicherung, sondern vom Bund und damit über Steuern finanziert werden.

6.4 Leistungsveränderungen – richtige Richtung, aber sozial unverträglich gestaltet

Während der zurückliegenden Jahre wurde deutlich, dass der vom Gesetzgeber beabsichtigte Vorrang häuslicher, ambulanter Pflege nur unvollständig umgesetzt werden konnte. Offenbar werden durch die Verteilung von Leistungen für den ambulanten und den stationären Bereich Anreize gesetzt, die eine kontinuierliche Zunahme der Nutzung stationärer Einrichtungen fördern. Dem soll nach dem Vorschlag der Kommission durch eine finanzielle Gleichstellung der Sätze für ambulante und stationäre Leistungen entgegengewirkt werden.

An der Gewichtung der ambulanten und stationären (Geld-)Leistungen etwas zu ändern, halten wir im Grundsatz für einen richtigen Weg. Bedenken sind allerdings gegenüber der Art und Weise der Egalisierung angebracht: In der Pflegestufe 2 betrug die Höhe der häuslichen Pflegehilfe (Pflegesachleistung) 921 Euro gegenüber 1.279 Euro bei vollstationärer Pflege. Hier soll die Pflegesachleistung leicht auf 1.000 Euro angehoben werden, der Satz für vollstationäre Pflege entsprechend abgesenkt. In der Pflegestufe 3 sollen die Leistungsbeträge leicht von 1.432 auf 1.500 Euro angehoben werden. Diese Bestandteile des Vorschlags betrachten wir als sachgerecht und geeignet, Fehlanreize zu beseitigen.

Allerdings wird in der Pflegestufe 1, d.h. bei inzwischen mehr als der Hälfte aller Pflegebedürftigen, des Guten zu viel getan. Bisher werden entweder 205 Euro Pflegegeld oder bis 384 Euro häusliche Pflegehilfe im ambulanten Bereich gewährt. Der Satz für vollstationäre Pflege liegt zurzeit aber bei 1.023 Euro. Nach dem Vorschlag sollen die Leistungen für die ambulante und die stationäre Hilfe auf 400 Euro begrenzt werden. Die Egalisierung der Leistungshöhe bedeutet hier also eine Absenkung auf unter 40% des heutigen Satzes für stationäre Leistungen. Dadurch entsteht eine zu große Lücke zu den tatsächlichen Kosten. Unserer Auffassung nach droht somit erneut eine Entwicklung, dass eine sehr große Zahl von Menschen allein wegen des Eintritts von Pflegebedürftigkeit von der Sozialhilfe abhängig wird. Gerechnet wird durch diese Maßnahmen mit Einsparungen von bis zu 2 Mrd. Euro. Dies stand zweifellos im Mittelpunkt der Überlegungen der Kommissionsmehrheit. Das Ziel der Korrektur falscher Anreize diente als Rechtfertigung für Leistungskürzungen. Zudem muss berücksichtigt werden, dass in der Pflegestufe 1 die Zahl der Leistungsbezieher in beiden Versorgungsbereichen zugenommen hat und dass in vielen Fällen eine häusliche pflegerische Versorgung objektiv unmöglich ist.

Befürwortet haben wir den Vorschlag, personengebundene Budgets zu ermöglichen, womit der Vorrang der Sachleistung gelockert wird. Dadurch könnten die Betroffenen zukünftig eine Mischung aus Pflegehilfsleistungen, Pflegegeld und teilstationärer Unterbringung entsprechend den persönlichen Bedürfnissen und Anforderungen wählen.

Ebenso unterstützten wir den Vorschlag, dass ab 1.1.2005 die (medizinische) Behandlungspflege durch die gesetzliche Krankenversicherung übernommen werden soll. Dasselbe gilt für den Vorschlag, das bei der Pflegeversicherung freiwerdende Geld zur Verbesserung der Vorsorgung von Pflegebedürftigen mit Altersdemenz einzusetzen.

Zuzustimmen ist ebenfalls der Dynamisierung der Leistungsbeträge ab 2005. Die Höhe der Dynamisierung soll sich nach dem Vorschlag aus dem Durchschnitt aus Inflationsrate und Lohnsteigerung ergeben.

6.5 »Intergenerativer Lastenausgleich« in der Kritik

Die Mehrheit der Kommission schlägt ein Modell der Beitragsstaffelung vor. RentnerInnen sollten zukünftig einen Beitragssatz von 2,6% leisten; ArbeitnehmerInnen hingegen würden entlastet, ihr Beitrag würde gesenkt werden.

Dieser Vorschlag wird von uns nicht mitgetragen. Zum einen wird dadurch die paritätische Finanzierung der Pflegeversicherung durch Arbeitgeber und Arbeitnehmer stark geschwächt. Im Gegenzug käme es zu einer spürbaren Mehrbelastung für Rentnerinnen und Rentner. Betrachtet man alle vorgeschlagenen und bereits vollzogenen Belastungen für die ältere Generation (siehe Abschnitt 5.8), droht sogar eine Überlastung der Betroffenen.

Sicher ist es bei der Pflegeversicherung am wenigsten zwingend, die Beitragsanbindung an das Erwerbseinkommen beizubehalten. Schließlich ist in der gesetzlichen Pflegeversicherung mit der Versicherungspflicht für alle Erwerbstätigen – einschließlich der Selbständigen – bereits eine Abkoppelung der Beitragspflicht von abhängiger Beschäftigung erfolgt. Weiterentwickelnde Alternativen sollten allerdings mit Blick auf die anderen Sicherungssysteme geprüft werden: Die Diskussion, ob die Verbreiterung der Finanzierungsbasis der Sozialen Sicherungssysteme im Sinn einer Erwerbstätigenversicherung eine sinnvolle und stabilisierende Weiterentwicklung darstellen kann, muss die gesetzliche Pflegeversicherung mit einbeziehen.

7. Zusammenfassung und Fazit

7.1 Der verkürzte Ansatz der Kommission

Dieses Minderheitengutachten beschreibt unsere Positionen gegenüber den Diskussionen und Beschlüssen, wie sie in der Kommission für die Nachhaltigkeit in der Finanzierung der sozialen Sicherungssysteme (»Rürup-Kommission«) stattfanden bzw. gefällt wurden. Neben der Kritik am generellen Ansatz der Rürup-Kommission wurde auch unser Verhalten gegenüber wichtigen Einzelbeschlüssen dargelegt und begründet.

Die Rürup-Kommission konzentrierte sich auf das Problem der Veränderungen der Bevölkerungsstruktur. Die Lösungsvorschläge laufen darauf hinaus, das Sicherungsniveau der gesetzlichen Systeme zu beschneiden und die notwendige Absicherung in höherem Maße durch privaten Mitteleinsatz und durch mehr Kapitaldeckung zu erreichen.

Diesen generellen Ansatz lehnen wir aus folgenden Gründen ab:

- Er reduziert die demographischen Herausforderungen auf einen Konflikt, der zwischen den Generationen gelöst werden soll. Wir vertreten die Auffassung, dass jede Maßnahme, die auf die demographischen Veränderungen reagiert, auch dem Maßstab der sozialen Gerechtigkeit genügen muss: Danach müssen sozial Starke mehr zur Bewältigung von gemeinschaftlichen Aufgaben beitragen als sozial Schwache. Es wird in jeder »Altengeneration« starke und schwache Schultern geben; genauso werden sich auch zukünftige Generationen aus einkommensstarken und einkommensschwachen Erwerbsfähigen und -tätigen zusammensetzen. Wir lehnen pauschale Leistungskürzungen und Belastungsveränderungen ab, die nur die Belastungssituation der verschiedenen Generationen im Auge haben und das Prinzip der sozialen Gerechtigkeit verletzen.
- Zudem kritisieren wir, dass die Rürup-Kommission nur mit (Kürzungs-)Maßnahmen auf die Veränderungen der Bevölkerungsstruktur reagieren möchte. Weiter reichende Ansätze, die auf eine familienfreundliche Gestaltung des Wohlfahrtsstaats, auf die Erhöhung der Erwerbstätigenquote bei Frauen sowie älteren und jungen ArbeitnehmerInnen und auf eine Erhöhung der Produktivität der Volkswirtschaft zielen, wurden nicht betrachtet. Die Bevölkerungsstruktur ist langfristig beeinflussbar – eine moderne Familienpolitik und eine humane und zukunftszugewandte Zuwanderungspolitik sind dabei die zentralen Ansatzpunkte.
- Darüber hinaus vernachlässigte die Mehrheit der Rürup-Kommission die folgenden, weiteren Herausforderungen an die nachhaltige Finan-

zierbarkeit der Sozialen Sicherungssysteme (vgl. Abschnitte 2.1, 2.3 bis 2.6): die »neuen« Erwerbs- und Lebensbiografien, die Fehlfinanzierung gesamtgesellschaftlicher, insbesondere familienpolitischer Aufgaben und die hohe Konjunktur- und Arbeitsmarktabhängigkeit der Finanzierung. Auch genderpolitische Fragestellungen spielten so gut wie keine Rolle in den Debatten und Beschlüssen der Kommission.

Diese grundsätzliche Kritik erschwerte an mancher Stelle unsere Mitarbeit in der Kommission. Schließlich wollten wir nicht die Legitimation für politisch wirksame Beschlüsse mit zur Verfügung stellen, die auf der Basis einer verkürzten Debatte und einseitigen Herangehensweise aufbauen. Andererseits war es uns wichtig, in der Kommission und in der Öffentlichkeit unsere Positionen darstellen und dokumentieren zu können.

Zentrale Forderungen von uns sind:

- die Finanzierung der gesamtgesellschaftlichen Aufgaben über Steuern: Hier besteht erheblicher Umfinanzierungsbedarf;
- die Konzeption eines Sozialen Sicherungssystems, das die modernen, flexiblen Erwerbs- und Lebensbiografien abzusichern hilft: Darum wünschen wir uns eine Debatte über die Vorteile und die Probleme, die mit einer Weiterentwicklung des Sozialversicherungssystems zu einer Erwerbstätigenversicherung verbunden sind;
- die Einordnung von Sozialpolitik in den Zusammenhang einer beschäftigungswirksamen Wirtschafts- und Finanzpolitik. Dem Einnahmeproblem der Sicherungssysteme muss mit einer makroökonomischen Strategie begegnet werden, die nicht nur versucht, den aktuellen Finanzierungsproblemen »hinterherzusparen«, sondern die die Dynamik und die Innovationskraft der deutschen Wirtschaft stärken hilft.

7.2 Unsere Beurteilung der wichtigsten Beschlüsse der Kommission

Im Folgenden wird unsere Beurteilung der wichtigsten Beschlüsse präsentiert:

Im Bereich der *gesetzlichen Rentenversicherung* lehnten wir die Anhebung des Rentenalters und die Absenkung des Renteniveaus durch einen Nachhaltigkeitsfaktor ab. Es ist völlig unsicher, ob in Zukunft die Erwerbsbeteiligung älterer ArbeitnehmerInnen durch eine veränderte wirtschaftliche und betriebliche Situation deutlich steigen kann; zudem war eine Diskussion über eine sozialverträgliche Ausgestaltung der Anhebung des Rentenalters nicht erwünscht. Zudem halten wir ein flexibles System des Ausscheidens aus dem Berufsleben, das auch die Dauer der Erwerbstätigkeit und der Versicherung berücksichtigt, für vorteilhaft und gerechter (vgl. Abschnitt 5.5).

Die Absenkung des Rentenniveaus mit Hilfe des »Nachhaltigkeitsfaktors« wird von uns nicht nur wegen seiner sozialen Folgen kritisiert – immerhin senkt er das Bruttorentenniveau um (prognostizierte) 2,2%-Punkte ab. Ebenso kritisch ist der Verlust an Kalkulierbarkeit eines zukünftigen Rentenniveaus zu bewerten. Ein nicht planbarer Versorgungsumfang in der gesetzlichen Rentenversicherung untergräbt das Zutrauen in das System (vgl. Abschnitt 5.6).

Zugestimmt haben wir der Umstellung der Berechnungsbasis für die jährliche Rentenanpassung. Wird, wie vorgeschlagen, nur noch die Entwicklung der versicherungspflichtigen Einkommen bei der Rentenanpassung berücksichtigt, werden die Rentenleistungen stärker an die Versicherteneinkommen gebunden; dadurch werden auch Ausschläge bei der Beitragshöhe verhindert (vgl. Abschnitt 5.6).

Auch im Bereich der *gesetzlichen Krankenversicherung* betrachten wir die Kommission in den zentralen Fragen als gescheitert. Sie war nicht in der Lage, sich auf einen langfristig wirksamen Lösungsvorschlag der Finanzprobleme der Krankenversicherung zu einigen. Stattdessen stellte die Kommission nur die Alternativen Bürgerversicherung und Kopfprämienmodell vor und delegierte die Entscheidung an die Politik zurück (vgl. Abschnitte 4.3 und 4.4). Positiv ist zu werten, dass im Verlauf der Kommissionsarbeit die Modelle konkretisiert werden mussten und durch ein stichhaltiges wissenschaftliches Gutachten evaluiert wurden. Dabei wurden die verteilungspolitischen Ungereimtheiten des Kopfprämienmodells deutlich: Alleinstehende ohne Kinder und gutverdienende Personen würden deutlich entlastet, Familien und gering und mittelmäßig verdienende ArbeitnehmerInnen stark belastet. Die Ergebnisse des Gutachtens bezüglich der sog. Bürgerversicherung sind hingegen so, dass wir der Politik empfehlen, eine breite gesellschaftliche Debatte über die Verwirklichung der Bürger- oder Erwerbstätigenversicherung zu initiieren (vgl. Abschnitte 3.1 und 4.5). Die Umsetzung des Vorschlags könnte eine spürbare Senkung der Beitragssätze ermöglichen und wünschenswerte verteilungspolitische und strukturelle Effekte haben (so zum Beispiel die stärkere Belastung von Kapitaleinkommensbeziehern und die Veränderung des Verhältnisses von gesetzlicher zu privater Krankenversicherung).

In der Arbeitsgruppe Krankenversicherung wurde die fehlende Unabhängigkeit des Kommissionsvorsitzenden von der Bundesregierung deutlich. Obwohl kurzfristige Vorschläge gar nicht Aufgabe der Kommission für die Nachhaltigkeit in der Finanzierung der Sozialen Sicherungssysteme waren, begrüßte sie mehrheitlich in einem sofort veröffentlichten

Beschluss die Vorschläge, die die Bundesregierung im Rahmen der »Agenda 2010« gemacht hatte (u.a. die Ausgliederung des Krankengelds und die Erhöhung der Zuschläge). Wir haben dies nicht nur aus inhaltlichen, sondern auch aus formalen Gründen stark kritisiert (vgl. Abschnitt 4.2).

Für die Weiterentwicklung der *gesetzlichen Pflegeversicherung* bestand in einigen Punkten Übereinstimmung zwischen uns und der Mehrheit der Kommission. Insbesondere bei der Neugestaltung der Leistungen – Einführung persönlicher Budgets, Übernahme der Behandlungspflege durch die GKV, verbesserte Versorgung von Menschen mit Altersdemenz – konnten wir uns den Vorschlägen anschließen (vgl. Abschnitt 6.4). Auch die geforderte Dynamisierung der Leistungsbeträge halten wir für dringend geboten. In anderen wesentlichen Punkten war unsere Unterstützung für die Vorschläge nicht möglich: Einen erhöhten Beitragssatz für RentnerInnen zur GPV (vgl. Abschnitt 6.5) lehnen wir ab, da dies einen wesentlichen Baustein des Generationenvertrags zerschlägt und in der Kumulation mit anderen Belastungen (vgl. Abschnitt 5.8) viele RentnerInnen hart treffen würde. Zudem hätten wir es begrüßt, wenn die Kommission für die Rentenbeitragszahlung für pflegende Angehörige die Finanzierung durch Steuern gefordert hätte. Dieser Vorschlag, der die BeitragszahlerInnen der gesetzlichen Pflegeversicherung entlasten und für eine systemgerechte Finanzierung familienpolitischer Leistungen sorgen würde, fand jedoch keine mehrheitliche Unterstützung in der Kommission (siehe Abschnitt 6.3).

7.3 Kein Grund zur Resignation!

Ein gut ausgebauter, verlässlicher Sozialstaat ist wichtig für unsere Gesellschaft und für die Sicherung unseres wirtschaftlichen Wohlstands. Er gibt Arbeitnehmern Sicherheit, gerade in Zeiten beschleunigten gesellschaftlichen Wandels. Ein Sozialstaat, der flexibler werdende Erwerbs- und Lebensbiografien absichern kann, garantiert den Veränderungswillen der Arbeitnehmerinnen und -nehmer. Er trägt wesentlich zu sozialem Frieden bei und ist als Beitrag zu einer stabilen ökonomischen Entwicklung nicht zu unterschätzen.

Auch die Finanzierung des Sozialstaats ist sicherer als vielfach behauptet. Selbst pessimistische Voraussagen gehen von einem weiteren Zuwachs der Arbeitsproduktivität pro Erwerbstätigem aus, der im Trend mindestens bei 1,4% im Jahr liegen dürfte. In diesem Fall würde sich bei konstanter Erwerbstätigenzahl und konstanter Bevölkerung das reale Bruttoinlandsprodukt im Verlauf von 50 Jahren mehr als verdoppeln. Auch wenn realistischerweise von einer Schrumpfung der Bevölkerung im Erwerbsfähigkeitsalter um ca. 0,5 bis 0,6% im Jahr auszugehen ist, erscheint dann immer noch eine Erhöhung des realen Bruttoinlandsprodukts um gut die Hälfte möglich. Deshalb ist die Verringerung der Arbeitslosigkeit und eine hohe Erwerbstätigenquote – gerade auch unter Frauen – so entscheidend für die Finanzierung des Wohlfahrtsstaats.

Der weiter wachsende wirtschaftliche Wohlstand wird es der Gesellschaft möglich machen, die auf uns zukommenden Belastungen aus dem demographischen Wandel und der veränderten gesellschaftlichen Wirklichkeit zu schultern. Auch zukünftig werden die notwendigen ökonomischen Spielräume vorhanden sein, die für alle Gruppen – ob Erwerbstätige oder RuheständlerInnen – weiterhin eine Steigerung ihres Lebensstandards ermöglichen werden.[8] Es wird weiterhin darum gehen müssen, in einer gesellschaftlichen und politischen Auseinandersetzung für eine gerechte Verteilung des zunehmenden Wohlstands zu sorgen – für eine gerechte Verteilung zwischen Arbeitnehmern und Arbeitgebern, zwischen Wohlhabenden und sozial Schwachen, zwischen Alt und Jung.

Sozialpolitik wird sich auch zukünftig mit Verteilungsfragen beschäftigen müssen. Damit es bei den damit verbundenen Auseinandersetzungen friedlich und gerecht zugeht, brauchen wir auch in Zukunft starke Gewerkschaften.

Literatur

Bach, Stefan/Bork, Christhart/Krimmer, Pascal/Raffelhüschen, Bernd/Schulz, Erika (2002): Demographischer Wandel und Steueraufkommen. Endbericht. Forschungsprojekt im Auftrag des Bundesministeriums der Finanzen (Forschungsauftrag Nr. 16/01). Berlin: DIW Berlin, August.

Bäcker, Gerhard/Koch, Angelika (2003): Die Jungen als Verlierer? Alterssicherung und Generationengerechtigkeit. WSI Mitteilungen 2.

Beske, Fritz/Drabinski, Thomas/Michel, Claus (2002): Politische Entscheidungen zu Lasten der gesetzlichen Krankenversicherung, Mai.

Bödeker, Wolfgang/Friedel, Heiko/Röttger, Christof/Schröer, Alfons (2002): Kosten arbeitsbedingter Erkrankungen in Deutschland, Bremerhaven (Bundesanstalt für Arbeitsschutz und Arbeitsmedizin, Forschungsbericht 946).

Bork, Christhart (2003): Gutachten zur Quantifizierung der Aufkommens- und Verteilungswirkungen ausgewählter Reformansätze im Gesundheitswesen, Wiesbaden Juni.

Bosch, Gerhard: Auf dem Weg zu einem neuen Normalarbeitsverhältnis? – Veränderung von Erwerbsläufen und ihre sozialstaatliche Absicherung. o.A., Sei-

[8] Nach Richard Hauser: Zukunft des Sozialstaats, Manuskript 2002.

te 107-134.

Bundesanstalt für Arbeit (1998): Amtliche Nachrichten der Bundesanstalt für Arbeit 1.

Bundesministerium der Finanzen (Hrsg.) (2002): Die wichtigsten Steuern im internationalen Vergleich. Steuerquoten, Abgabenquoten, Tarife. Berlin, Dezember.

Bundesminsterium für Arbeit (Hrsg.) (2001): Wichtige Annahmen der Bundesregierung zur Berechnung der Wirkungen der Rentenreform 2001. Tabelle mit Stand: 13. Juni 2001. VSR-W, Ve –12/01. Berlin.

Bundesministerium für Gesundheit und Soziale Sicherung (2003): Materialband zum Sozialbudget 2001, Berlin.

Deml, Jörg (2003): Wer kündigt da den »Generationenvertrag«? In: Zeitschrift für Sozialistische Politik und Wirtschaft – Sonderheft vom 6.2.

Deutscher Bundestag (Hrsg.) (2002a): Enquête-Kommission Demographischer Wandel. Herausforderungen unser älter werdenden Gesellschaft an den Einzelnen und die Politik, Berlin (Drucksache 14/8800).

Deutscher Bundestag (Hrsg.) (2002b): Schlussbericht der Enquête-Kommission Globalisierung der Weltwirtschaft – Herausforderungen und Antworten, Berlin (Drucksache 14/9200).

Deutscher Bundestag (1997): Bundestagsdrucksache 13/7325 vom 18.3.

Deutscher Gewerkschaftsbund (Hrsg.) (2003): Gesundheitsreform 2003 – wohin? Soziale Sicherheit – Zeitschrift für Arbeit und Soziales. 52. Jahrgang, März 2003. Köln, Seite 73-108.

Döring, Diether (2002): Die Zukunft der Alterssicherung. Europäische Strategien und der deutsche Weg. Frankfurt a.M.

Drabinski, Thomas/Beske, Fritz (2003): Der Einfluss der Wiedervereinigung auf die Entwicklung des Beitragssatzes der gesetzlichen Krankenversicherung, Mai.

Eitenmüller, Stefan (2001): Reformoptionen für die gesetzliche Rentenversicherung. Auswirkungen der Rentenreform 2001 und die Verteilung der Umstiegskosten. Eine Studie der Prognos AG, herausgegeben von der Hans-Böckler-Stiftung. Düsseldorf.

Fachinger, Uwe (2002): Sparfähigkeit und Vorsorge gegenüber sozialen Risiken bei Selbständigen: Einige Informationen auf der Basis der Einkommens- und Verbrauchsstichprobe 1998. ZeS-Arbeitspapier Nr. 1/2002, herausgegeben vom Zentrum für Sozialpolitik der Universität Bremen. Bremen.

Fachinger, Uwe/Oelschläger, Angelika (2000): Selbständige und ihre Altersvorsorge. Sozialpolitischer Handlungsbedarf? ZeS-Arbeitspapier Nr. 3/2000, herausgegeben vom Zentrum für Sozialpolitik der Universität Bremen. Bremen.

Fuchs, Johann/Thon, Manfred (1999): Nach 2010 sinkt das Angebot an Arbeitskräften. Selbst hohe Zuwanderungen werden diesen Trend nicht stoppen können. Potentialprojektion bis 2040. In: Institut für Arbeitsmarkt- und Berufsforschung der Bundesanstalt für Arbeit (Hrsg.): IAB-Kurzbericht Nr. 4/20.5. Nürnberg.

Gesellschaft für Versicherungswirtschaft und -gestaltung (2003): Famlienlastenausgleich – eine Aufgabe für alle. In: Informationsdienst, Köln Juli.

Gottfried, Heidi/O'Reilly, Jacqueline: Der Geschlechtervertrag in Deutschland und Japan: Die Schwäche eines starken Ernährermodells. o.A., Seite 29-57.

Hauser, Richard (2002): Zukunft des Sozialstaats, Manuskript.
Hinrichs, Jutta/Giebel-Felten, Elvira (2002): Die Entwicklung des Arbeitsmarktes 1962-2001. Arbeitspapier Nr. 82, herausgegeben von der Konrad-Adenauer-Stiftung e.V. Sankt Augustin, Juli.
Koch, Susanne/Walwei, Ulrich/Weißner, Frank/Zika, Gerd (2002): Wege aus der Arbeitsmarktkrise. Finanzpolitik, Ordnungspolitik, Arbeitsmarktpolitik und Tarifpolitik auf dem Prüfstand. IAB-Werkstattbericht, Diskussionsbeiträge des Instituts für Arbeitsmarkt- und Berufsforschung der Bundsanstalt für Arbeit, Ausgabe Nr. 11/ 22.8., hrsg. von der Bundesanstalt für Arbeit, Nürnberg.
Koller, Martin; Institut für Arbeitsmarkt- und Berufsforschung der Bundesanstalt für Arbeit (1999): Strukturwandel, Arbeitslosigkeit und Sozialstaat: Rückwirkungen auf die Finanzierungssysteme der sozialen Sicherung. In: Europäische Gemeinschaft – Europäischer Sozialfonds (Hrsg.): Dokumentation der Fachtagung »Der Sozialstaat als Standortfaktor – Neue Märkte für Soziale Dienste« am 6./7. September 1999 in Berlin, Seite 24-37.
Langelüddeke, Anne/Rabe, Birgitta/Thiede, Reinhold (1999): Flexible Anwartschaften und Anwartschaftszeiten, in: Deutsche Angestelltenversicherung 1.
Meinhardt, Volker/Kirner, Ellen/Grabka, Markus/Lohmann, Ulrich/Schulz, Erika (2002): Finanzielle Konsequenzen eines universellen Systems der gesetzlichen Alterssicherung. Hrsg. von der Hans-Böckler-Stiftung. Düsseldorf.
Ohsmann, Sabine/Stolz, Ulrich/Thiede, Reinhold (2003): Rentenabschläge bei vorgezogenem Rentenbeginn, in: Die Angestelltenversicherung, 4.
Pfaff, Anita B./Pfaff, Martin/Kern, Axel Olaf/Langer, Bernhard (2003): Auswirkungen verschiedener Modell-Varianten von Kopfpauschalen auf die Finanzierung von Krankenversicherungsleistungen in Deutschland, Augsburg, April.
Pohl, Rüdiger (2002): Ostdeutschland im zwölften Jahr nach der Vereinigung – eine Bilanz der wirtschaftlichen Transformation; in: Aus Politik und Zeitgeschichte 37-38
Schmahl, Winfried (2003): Senkung der Lohnnebenkosten in Deutschland – Optionen und Potentiale. In: Sozialer Fortschritt 4.
Schur, Peter/Walwei, Ulrich/Zika, Gerd (2002): Wege zu mehr Beschäftigung. Strategiebündel des IAB auf dem Prüfstand. Die Chancen für eine Umsetzung der Vorschläge vom Sommer 1996 sind gestiegen. IAB-Kurzbericht, Aktuelle Analysen aus dem Institut für Arbeitsmarkt- und Berufsforschung der Bundesanstalt für Arbeit, hrsg. von der Bundesanstalt für Arbeit, Ausgabe Nr. 2/24.3. Nürnberg.
Statistisches Bundesamt (Hrsg.) (2000): Bevölkerung. Bevölkerungsentwicklung Deutschlands bis zum Jahr 2050. Ergebnisse der 9. koordinierten Bevölkerungsvorausberechnung. Berlin, Juli.
Walwei, Ulrich/Zika, Gerd (1999): Soziale Sicherung und Beschäftigungsprobleme, In: Jahrbuch »Ökonomie und Gesellschaft«, Band 15: Unternehmungsverhalten und Arbeitslosigkeit, Frankfurt/M.
Wasem, Jürgen/Greß, Stefan/Rothgang, Heinz (2003): Kopfprämien in der Gesetzlichen Krankenversicherung – Eine Perspektive für die Zukunft? Essen/Bremen, Mai.
WSI (2001): Flexicurity. Soziale Sicherung und Flexibilisierung der Arbeits- und Lebensverhältnisse, Düsseldorf.

Mitglieder der DGB-Arbeitsgruppe zur Begleitung der Rürup-Kommission

Dr. Wilhelm Adamy, DGB-Bundesvorstand
Egbert Biermann, DGB-Bundesvorstand
Eduard Bohner, Gewerkschaft Nahrung – Genuss – Gaststätten
Annelie Buntenbach, IG Bauen-Agrar-Umwelt
Dr. Christel Degen, DGB-Bundesvorstand
Dr. Ursula Engelen-Kefer, stellvertretende DGB-Vorsitzende, Mitglied der Rürup-Kommission
Nadine Franz, Schering AG, Mitglied der Rürup-Kommission
Heiko Gosch, Gewerkschaft Erziehung und Wissenschaft
Michael Guggemos, IG Metall
Dr. Wolfgang Jäger, DGB-Bundesvorstand
Johannes Jakob, DGB-Bundesvorstand
Peter Jonas, Gewerkschaft Erziehung und Wissenschaft
Günter Knoll, TRANSNET
Fritz Kollorz, IG Bergbau, Chemie, Energie
Alberdina Körner, Gewerkschaft der Polizei
Kerstin Kreuger, DGB-Bundesvorstand
Eckehard Linnemann, IG Bergbau, Chemie, Energie
Dr. Erika Mezger, Hans-Böckler-Stiftung
Helga Nielebock, DGB-Bundesvorstand
Ingo Nürnberger, DGB-Bundesvorstand
Martina Perreng, DGB-Bundesvorstand
Prof. Dr. Barbara Riedmüller, Freie Universität Berlin
Horst Schmitthenner, IG Metall
Manfred Schoch, Betriebsratsvorsitzender BMW AG, Mitglied der Rürup-Kommission
Wolfgang Scholz, International Labour Office
Jürgen Sendler, DGB-Bundesvorstand
Dr. Erich Standfest, Vorstand Verband Deutscher Rentenversicherungsträger
Dr. Heinz Stapf-Finé, DGB-Bundesvorstand
Oliver Suchy, DGB-Bundesvorstand
Klaus Wiesehügel, Vorsitzender der IG Bauen-Agrar-Umwelt, Mitglied der Rürup-Kommission
Christian Zahn, ver.di Bundesvorstand

Ute Klammer[1]

Frauen brauchen mehr als Familienpolitik

Die Frauen sind auf dem Vormarsch. Junge Frauen haben heute eine bessere Bildung als je zuvor, die Teilnahme von Frauen am Arbeitsmarkt zeigt (zumindest in Westdeutschland) seit Jahren eine steigende Tendenz, auch Mutterschaft ist für die meisten Frauen heute kein Grund mehr, dauerhaft aus dem Erwerbsleben auszusteigen. Die Gleichstellungsgesetzgebung hat sich verbessert, und Gender Mainstreaming hat das Bewusstsein dafür gestärkt, dass Frauenfragen Geschlechterfragen sind und zudem durchgängig alle Politik- und Lebensbereiche betreffen. Grund genug, langsam auf das übliche Lamento zu verzichten? Leider nicht. Denn es liegt noch ein hartes Stück Weg vor uns, bis von einer Gleichstellung der Geschlechter auf dem Arbeitsmarkt und in der sozialen Sicherung in Deutschland wirklich die Rede sein kann. Und neue Gefahren könnten drohen, wenn sich die Debatte zu sehr auf familienpolitische Maßnahmen einengt.

---

[1] Die Verfasserin ist Referatsleiterin für Sozialpolitik im Wirtschafts- und Sozialwissenschaftlichen Institut in der Hans-Böckler-Stiftung und Mitautorin des »Berichts der Bundesregierung zur Berufs- und Einkommenssituation von Frauen und Männern« (BT-Drucksache 14/8952 vom 25.4.2002), des »WSI-FrauenDatenReports« (Sigma: Berlin 2000, zusammen mit Christina Klenner, Christiane Ochs, Petra Radke und Astrid Ziegler) sowie der Studie »Managerinnen des Alltags. Strategien erwerbstätiger Mütter in Ost- und Westdeutschland« (Sigma: Berlin 2002, zusammen mit Isolde Ludwig, Vanessa Schlevogt und Ute Gerhard). Die im vorliegenden Beitrag verarbeiteten Zahlen und Erkenntnisse entstammen, sofern nicht anders angegeben, den vorgenannten Arbeiten, einem von der Autorin koordinierten Schwerpunktheft der WSI-Mitteilungen zum Thema »Konturen einer modernen Familienpolitik« (WSI-Mitteilungen 3/2002) sowie – im letzten Teil – einer gemeinsam mit Christina Klenner verfassten Arbeit, die unter dem Titel »Geteilte Erwerbstätigkeit, gemeinsame Fürsorge. Wie können Staat, Betriebe und private Netzwerke erwerbstätige Eltern bei ›co parenting‹ unterstützen?« im Herbst 2003 im Jahrbuch für Europa- und Nordamerika-Studien erscheinen wird.

Frauen auf dem Arbeitsmarkt – Fortschritte und Beharrungstendenzen

An Analysen zur Situation von Frauen auf dem Arbeitsmarkt mangelt es nicht. So veröffentlichte die Bundesregierung im April des vergangenen Jahres den »Bericht zur Berufs- und Einkommenssituation von Frauen und Männern«, mit dessen Erstellung sie, anschließend an einen Beschluss des Deutschen Bundestages vom Juni 1999, eine Gruppe von WissenschaftlerInnen unter der Federführung des Wirtschafts- und Sozialwissenschaftlichen Instituts in der Hans-Böckler-Stiftung beauftragt hatte. Hiermit sollte auch dem Berichtsauftrag nachgekommen werden, der sich aus Art. 141 (früher 119) EG-Vertrag über gleiches Entgelt von Männern und Frauen ergibt. Wie der Bericht zeigt, haben Frauen in ihrer beruflichen Qualifikation erheblich im Vergleich zu Männern aufgeholt und auch ihre beruflichen Positionen verbessern können. So haben junge Frauen mittlerweile die gleichaltrigen Männer bei den Schul- und Berufsabschlüssen überholt. Schülerinnen, die im Jahr 2000 eine allgemeinbildende Schule beendet haben, konnten im Durchschnitt einen höheren Bildungsabschluss als gleichaltrige Schüler vorweisen: 27% der Schülerinnen gegenüber 21% der Schüler verfügten über die Hochschulreife. Auch in der beruflichen Bildung haben die Frauen aufgeholt. Die jüngeren unter ihnen haben öfter als Männer eine abgeschlossene Lehre vorzuweisen. Vor allem aber sind deutlich mehr Frauen überhaupt am Arbeitsmarkt vertreten. Frauen stellen inzwischen mit rund 43% einen beträchtlichen Teil der Erwerbstätigen in Deutschland. Der Aufwärtstrend wird dabei vor allem aus Westdeutschland gespeist, während sich im Osten in den 1990er Jahren die Arbeitsmarktlage für Frauen – ausgehend von einem erheblich höheren Niveau der Erwerbsbeteiligung – verschlechtert hat. Allerdings liegt die Erwerbsquote von ostdeutschen Frauen, die die gemeldeten Arbeitslosen mit einschließt, mit 72% immer noch deutlich über der Quote der westdeutschen Frauen von 62%.

Doch es hat in Deutschland neben Angleichungsprozessen der Geschlechter auch Beharrungstendenzen sowie neue Differenzierungen gegeben, und viele Probleme sind noch nicht gelöst. Einige Fakten mögen dies beleuchten:

- Die gestiegene Frauenerwerbsquote verschleiert die relative Stabilität der weiblichen Arbeitsmarktbeteiligung auf der Basis von Vollzeitäquivalenten: Die Zunahme der Zahl erwerbstätiger Frauen ging mit einer Umverteilung des Arbeitszeitvolumens unter Frauen einher. Inzwischen arbeiten ca. 42% der westdeutschen und 23% der ostdeutschen erwerbstätigen Frauen Teilzeit, während Teilzeitbeschäftigung von Männern mit unter 5% nach wie vor eine marginale Rolle spielt.

- Frauen weisen eine weniger stabile Arbeitsmarktintegration als Männer auf. Sie finden seltener einen betrieblichen Ausbildungsplatz und münden in ein engeres Spektrum von Ausbildungsberufen. Die Übergänge von der Ausbildung in den Arbeitsmarkt sind für Frauen problematischer. Ein zusätzliches Risiko stellt die familienbedingte Erwerbsunterbrechung dar, die nach wie vor fast ausschließlich eine Sache der Frauen ist. So konnten ungeachtet der Beschäftigungsgarantie in der letzten Dekade im Westen etwa 6%, im Osten sogar 16% der Mütter nach der Elternzeit nicht in den alten Betrieb zurückkehren und wurden arbeitslos. Die Beteiligung der Väter an der Elternzeit stagniert bei ca. 2%. Vereinbarkeitsprobleme ergeben sich jedoch auch zunehmend für Frauen jenseits der 40 durch die Kombination von Erwerbsarbeit und der Betreuung pflegebedürftiger Angehöriger.
- Frauen sind von registrierter Arbeitslosigkeit und nicht realisierten Erwerbswünschen überdurchschnittlich betroffen. Zwar ist die Differenz der Arbeitslosigkeitsquoten von Frauen und Männern in den 1990er Jahren deutlich zurückgegangen, jedoch lag die Arbeitslosenquote von Frauen auch 2001 mit 12,6% noch um 1,3%-Punkte höher als die der Männer. Dies resultiert vor allem aus den schlechten Arbeitsmarktchancen von ostdeutschen Frauen. Frauen sind in der Regel länger arbeitslos als Männer und finden insgesamt seltener aus der Arbeitslosigkeit in den Arbeitsmarkt zurück.
- Die zunehmende Entstandardisierung und Entsicherung von Arbeitsverhältnissen betrifft quantitativ häufiger Frauen und stellt auch qualitativ besonders Frauenrechte – wie Mutterschutz und Elternzeit – in Frage. Insbesondere die so genannten geringfügigen Beschäftigungsverhältnisse sind mit ca. 3/4 Frauenanteil eine Frauendomäne.
- Frauen sind häufiger als Männer auf Positionen verwiesen, die unterhalb ihrer Qualifikation liegen. Mitte der 1990er Jahre waren in Westdeutschland etwa 19%, in Ostdeutschland sogar gut 30% der erwerbstätigen Frauen unterqualifiziert beschäftigt – bei den Männern waren es dagegen »nur« 14% (West) bzw. 19% (Ost).
- Frauen sind immer noch sehr viel seltener als gleich qualifizierte Männer in leitenden Positionen bzw. höheren Hierarchieebenen in den Betrieben zu finden. Während für Männer die Karrierechancen mit zunehmendem Alter steigen, nehmen sie für Frauen ab.
- Besonders deutlich ist die unterschiedliche Position von Frauen und Männern an den nach wie vor eklatanten Einkommensunterschieden

zu sehen. In den späten 1990er Jahren erreichte in Westdeutschland eine abhängig beschäftigte, vollzeiterwerbstätige Frau durchschnittlich knapp 75% des Jahresbruttoeinkommens eines Mannes. Zwar sind die Unterschiede in Ostdeutschland viel geringer (94%). Insgesamt weist Deutschland jedoch – wie der Ende 2002 erschienene EU-Beschäftigungsbericht erneut deutlich gemacht hat – die größten Einkommensdifferenzen zwischen Frauen und Männern in der gesamten EU auf. Hier spielen verschiedene Faktoren eine Rolle. So konzentriert sich die Erwerbstätigkeit von Frauen vorwiegend auf Wirtschaftszweige mit geringen Verdienstmöglichkeiten. Neben Unterschieden in der Höhe des Tarifeinkommens in Männer- und Frauenbranchen und bei den Zulagen tragen auch strukturelle Merkmale, wie z.B. die Berücksichtigung von Berufs- und Tätigkeitsjahren, dazu bei, dass die Einkommen von Frauen geringer ausfallen als die der Männer. Dabei sind die geschlechtsspezifischen Einkommensdifferenzen umso höher, je höher die Qualifikation ist.

- Zwar ist eine langsame Annäherung der Einkommen erkennbar, jedoch zeichnen sich je nach Qualifikation, Branche, Tarifbindung recht unterschiedliche, teilweise widersprüchliche Entwicklungen ab. In Westdeutschland ist über die letzten 25 Jahre eine leichte Annäherung der weiblichen Verdienste an die Männerverdienste bei den unteren Tätigkeits- und Berufspositionen festzustellen; bei den höheren Positionen entwickeln sich die Verdienste jedoch auseinander. In Ostdeutschland haben sich die Einkommen von Frauen und Männern, ausgehend von geringeren Einkommensdifferenzen, mit Ausnahme der Berufe im ArbeiterInnenbereich wieder auseinander entwickelt.
- Bezieht man die Lebensverhältnisse der Personen mit ein, so zeigt sich, dass die Position von Frauen und Männern im Haushalt die Erwerbstätigkeit und die Erwerbseinkommen außerordentlich stark prägt. Männer im erwerbsfähigen Alter sind unabhängig von ihrer Familienkonstellation fast immer vollzeiterwerbstätig. Dagegen sind Frauen, sobald sie sich in einer Paar-Konstellation befinden, sehr häufig in Teilzeit oder gar nicht erwerbstätig. Deshalb ist der Einkommensbeitrag von Frauen aus individueller Erwerbsarbeit zum gemeinsamen Haushaltseinkommen in Paarhaushalten vor allem im Westen gering. So trugen 1998 nach Daten der Einkommens- und Verbrauchsstichprobe (EVS) in westdeutschen Paarhaushalten mit zwei Kindern Frauen nur durchschnittlich 11% des Bruttohaushaltseinkommens bei, in Ostdeutschland 27%. Da Frauen häufig viele Zeitanteile für familienbezogene Tätigkeiten (Haushaltsführung, Kindererziehung, Pflege)

aufwenden, sind die über das Leben kumulierten Erwerbszeiten und Erwerbseinkommen von Frauen viel geringer als diejenigen von Männern. Wie aus der Untersuchung Altersvorsorge in Deutschland (AVID) hervorgeht, erreichen (ehemals) abhängig beschäftigte Frauen der Geburtsjahrgänge 1936-1955 in der Lebenszeitperspektive nur rund 42% des Erwerbseinkommens der Männer der gleichen Kohorte. Für Frauen mit Kindern sind die genannten Relationen noch ungünstiger. So erreicht in Westdeutschland eine Frau der erwähnten Kohorten mit einem bzw. zwei Kindern im Durchschnitt nur 58% bzw. 43% des Lebenserwerbseinkommens einer kinderlosen Frau. Die Lebenslaufanalyse bestätigt hier die Existenz einer strukturellen Lücke der Erwerbseinkommen zwischen den Geschlechtern zulasten der Frauen, wobei eine Geschlechterdifferenz (gender gap) und eine zweite, aus besonderen Fürsorgeverpflichtungen u.ä. resultierende Lücke (mother gap) bei Frauen kumulieren, ohne analytisch streng getrennt werden zu können.

Familienpolitik zur Verbesserung der Vereinbarkeit von Beruf und Familie: notwendig, aber nicht hinreichend

Es ist also offensichtlich – und inzwischen allseits anerkannt –, dass vor allem Mütter mit Schwierigkeiten auf dem Arbeitsmarkt zu kämpfen haben. Das alte Thema der »Vereinbarkeit« erlebt in der politischen Diskussion seit einiger Zeit eine ungeahnte Renaissance – nicht zuletzt, weil erkannt worden ist, dass durch die immer noch vergleichsweise geringe Arbeitsmarktpartizipation der Frauen in Deutschland sowie durch den hohen Anteil unterqualifiziert beschäftigter Frauen der Volkswirtschaft ein Schaden entsteht, der angesichts des wachsenden Fachkräftemangels nicht mehr lange getragen werden kann. Auch im Rahmen der europäischen Beschäftigungsstrategie steht Deutschland in der Pflicht, Maßnahmen zur weiteren Erhöhung der Frauenerwerbstätigkeit einzuleiten. So ist denn auch von der zuständigen Ministerin Renate Schmidt in ihrer Antrittsrede der Schwerpunkt deutlich auf die Familienpolitik gelegt worden, und auch der Koalitionsvertrag streicht diese Orientierung heraus.

Während die Familienpolitik der letzten Legislaturperiode – hierin an die Orientierung der konservativen Vorgängerregierung anknüpfend – stark auf monetäre Leistungen hin orientiert war (z.B. Erhöhungen des Kindergeldes und der Kinderfreibeträge), soll nun der Schwerpunkt auf einem Ausbau der Kinderbetreuungsinfrastruktur liegen. Dies macht Sinn angesichts der Tatsache, dass im Jahr 2000 fast zwei von drei westdeutschen und sogar neun von zehn ostdeutschen nichterwerbstätigen Müttern, deren jüngestes Kind unter zwölf Jahre alt war, einen Erwerbswunsch äußerten, zur gleichen Zeit aber zumindest Westdeutschland mit einer Betreuungsquote von rund 5,5% der unter Dreijährigen im europäischen Vergleich eines der Schlusslichter darstellte. Studien zur Alltagspraxis von Familien machen zudem auch dort Unzulänglichkeiten deutlich, wo Kinder – statistisch betrachtet – versorgt sind. Im Krippen- und Kindergartenbereich vermissen Eltern ausgedehntere Öffnungszeiten und flexiblere, auf individuelle Bedürfnisse abgestimmte Betreuungsangebote. Für Kinder im Grundschulalter liegen besondere Probleme im mangelnden Angebot an Mittags- bzw. Ganztags- sowie auch Ferienbetreuung. Vor allem führt aber die nach wie vor geringe Verlässlichkeit der Unterrichtsstunden zu Organisations- und Improvisationsbedarf. In Westdeutschland stellt auch die geringe räumliche Abstimmung der verschiedenen Betreuungsangebote oft ein Problem dar – sie erfordert vor allem von Eltern mit mehreren Kindern viel Einsatz bei der Organisation der Wege und bringt auch für die Kinder häufige Wechsel und Unruhe mit sich.

Eine Weiterentwicklung der Kinderbetreuungsinfrastruktur muss an diesen Diskrepanzen zwischen Angebot und Bedarf ansetzen. Um eine bessere Abstimmung zu erreichen, wäre es sinnvoll, von der zentralen, auf Betreuungsquoten hin orientierten Objektförderung zu einer Subjektförderung der nachfragenden Eltern überzugehen, z.B. über die Zuteilung von Betreuungsgutscheinen, wie es das DIW wiederholt vorgeschlagen hat. Denn nur wenn die Kinderbetreuung quantitativ und qualitativ so gestaltet wird, dass Mütter tatsächlich eine Erwerbstätigkeit aufnehmen können, wird die zentrale Ursache der finanziellen Schlechterstellung der Familien in Deutschland angegangen: der Ausfall eines Erwerbseinkommens.

Im Übrigen sind hier auch die Arbeitgeber gefragt. Als wichtig, ja unverzichtbar für die Erwerbsmöglichkeiten von Müttern – seltener Vätern – erweisen sich in der Praxis die »kleinen« Lösungen, die in Absprache mit dem Arbeitgeber realisiert werden, z.B. Sonderregelungen bezüglich der Lage der Arbeitszeit oder zeitliche Flexibilität bei familiären Notfällen. Hier, im Rahmen der betrieblichen Arbeitszeitpolitik, liegen Probleme, aber auch Potenziale, deren Gewicht für eine erfolgreiche Alltagspraxis erwerbstätiger Eltern zunehmend mehr Gewicht bekommen als familienpolitische (Geld-)Leistungen.

Gleichstellungspolitik in Bezug auf das Entgelt

Im ganzen familienpolitischen Eifer droht allerdings die Erkenntnis unterzugehen, dass sich die Benachteiligung von Frauen nicht auf die Vereinbarkeitsprobleme von Müttern beschränkt. Immerhin hat ein beträchtlicher Teil der Frauen keine Kinder; unter den Akademikerinnen bis 40 Jahre sind es inzwischen rund 40%, und viele von ihnen werden – aus unterschiedlichen Gründen – dauerhaft kinderlos bleiben. Andere Frauen im Erwerbsalter haben die Kinderbetreuungsphase längst hinter sich. Daher kann es nicht nur um Maßnahmen zur besseren Erwerbsintegration von Müttern gehen. Wichtig ist auch die Weiterarbeit an der Verbesserung der Einkommenschancen erwerbstätiger Frauen. Denn die monetäre Ebene ist nicht nur wichtig angesichts der instabileren Lebensformen und der wachsenden Zahl der allein lebenden und allein erziehenden Frauen, die selber für ihren Lebensunterhalt aufkommen müssen. Das eigene Einkommen ist auch wichtig für die Aushandlungsposition von Frauen in Partnerschaften. Schließlich lässt sich auch in einigen Reformen des Sozialstaats eine Substitution des Ernährermodells durch eine Sicht erkennen, in der alle Erwachsenen prinzipiell selbst für ihren Lebensunterhalt aufzukommen haben. Bis heute führen diskontinuierliche Erwerbsverläufe und niedrige Erwerbseinkommen aber zu geringen eigenständigen Alterssicherungsansprüchen von Frauen.

Zahlreiche tarifliche und betriebliche Regelungen und Praktiken führen zu ungleichen Verdiensten von Frauen und Männern, ohne dass sich hierfür eine objektive Begründung erkennen lässt. Vielfältige Mechanismen potenzieller Diskriminierung führen zur Unterbewertung von frauendominierten Tätigkeiten, so z.B. die Nichtbewertung von Anforderungen oder Belastungen, die Doppel- und Mehrfachbewertung durch sich überschneidende Kriterien, die diskriminierende Auslegung von Anforderungsmerkmalen und die Anwendung verschiedener Maßstäbe bei der Bewertung vergleichbarer Arbeit von Frauen und Männern.

Betrachtet man die Tarifverträge aus der Perspektive des europäischen und deutschen Rechts zur Entgeltgleichheit, so sind sie mehrheitlich nicht rechtskonform gestaltet. Weitgehend unbeachtet bleiben vor allem die wenig bekannten und vielfach unterschätzten Vorgaben des europäischen Rechts. Zu nennen sind hier insbesondere die für Tarif- und Betriebsparteien verbindlichen Maßstäbe der Richtlinie 75/117/EWG, die u.a. vorschreibt, dass tarifliche und betriebliche Eingruppierungssysteme gemeinsame Kriterien für ArbeitnehmerInnen beiderlei Geschlechts verwenden müssen. Aus der Rechtsprechung ergeben sich weitere Anforderungen: Entgeltsysteme müssen durchschaubar sein, Eingruppierungssysteme müssen bei Männern und Frauen dieselben Kriterien verwenden, einzelne Kriterien dürfen nicht an bestimmte Beschäftigtengruppen gebunden werden, die Differenzierungskriterien müssen das »Wesen« der Arbeit widerspiegeln und diskriminierungsfrei ausgelegt werden, sie dürfen nicht so interpretiert werden, dass sie ein Geschlecht begünstigen. Hieraus ergibt sich die Notwendigkeit, sämtliche tariflichen, gesetzlichen und betrieblichen Regelungen einer systematischen gleichstellungsrechtlichen Prüfung zu unterziehen und die bestehenden Einfallstore für Diskriminierungen zu schließen. Die rechtlichen Vorgaben zur Entgeltgleichheit können als Leitlinien einer Umgestaltung der Entgeltsysteme herangezogen werden. Die Bundesregierung plant, diesem Thema im Rahmen eines Nachfolgeberichts zum »Bericht zur Berufs- und Einkommenssituation von Frauen und Männern« besondere Aufmerksamkeit zu schenken. Es bleibt aber festzuhalten: Neue arbeitswissenschaftlich fundierte Konzepte für diskriminierungsfreie(re) Systeme der Arbeitsbewertung sind längst entwickelt. Dazu zählt beispielsweise das ABAKABA-System (Analytische Bewertung von Arbeitstätigkeiten nach KAtz und BAitsch), das teilweise schon in gewerkschaftliche Reformüberlegungen und betriebspraxisorientierte wissenschaftliche Projekte einbezogen worden ist. Gerade angesichts der misslichen Tatsache, dass die größte Chance auf eine Verbesserung der Situation erwerbstätiger Frauen – die Realisierung des im letzten Koalitionsvertrag geplanten Gleichstellungsgesetzes für die Privatwirtschaft – (vorerst?) vertan wurde, erscheint es unerlässlich, die Gleichstellung von Frauen auf dem Arbeitsmarkt durch Maßnahmen zur Reduktion der Entgeltdiskriminierung zu befördern.

Problem Ehezentrierung

Aber die Therapie muss noch weiter gehen. Tatsächlich hat die soziale Ungleichheit der Geschlechter weit in die Geschichte zurückreichende Wurzeln und ist tief in der Gesellschaft verankert. Trotz der sukzessiven Annäherung der Rechtsposition von Frauen und Männern und trotz der allmählichen Zunahme der Frauenerwerbsarbeit wirken traditionelle Leitbilder und Rollenvorstellungen bis heute fort. Die geschlechtshierarchische Arbeitsteilung, nach der Frauen die Hauptverantwortung für Kinderbetreuung und Pflege sowie für die Hausarbeit tragen, während Männer durch Erwerbsarbeit den Lebensunterhalt der Familie sichern, erweist sich als zäh. Sie spiegelt sich darin, dass auch zu Beginn des neuen Jahrtausends Frauen in beiden Teilen Deutschlands immer noch etwa doppelt so viel Zeit für unbezahlte Haus- und Familienarbeit aufwenden wie Männer. Diese Relation weist für Westdeutschland immerhin einen Fortschritt gegenüber früheren Erhebungen aus. In Ostdeutschland spiegelt sie dagegen eine Retraditionalisierung der Geschlechterverhältnisse seit der Wiedervereinigung. Dies ist aus frauenpolitischer Sicht enttäuschend – aber verständlich, wenn man in Betracht zieht, dass beide Landesteile heute mit dem gleichen Steuer- und Sozialsystem leben. Dieses enthält – bei allen offiziellen Bemühungen um die Erwerbsintegration von Frauen – für verheiratete Frauen immer noch unverkennbar gegenteilige Signale. Das deutsche Steuer- und Sozialleistungssystem ist eben keineswegs neutral gegenüber unterschiedlichen Lebens- und Erwerbsformen, sondern unterstützt einseitig das Modell der Versorgerehe, und zwar vielfach unabhängig davon, ob Kinder vorhanden sind oder nicht. So erweist sich das Ehegattensplitting als Hemmnis für eine Ausdehnung des Arbeitsangebots verheirateter Frauen, da der Splittingvorteil umso größer ist, je ungleicher die Erwirtschaftung des Einkommens durch die Ehepartner ausfällt bzw. je geringer die Erwerbsbeteiligung der Frau ist. Von einer zusätzlichen Beeinträchtigung des Arbeitsangebotsverhaltens verheirateter Frauen durch die Lohnsteuerklassenkombination III/V ist auszugehen, da erst die mit dieser Steuerklassenkombination verbundene, individuell unterschiedliche Zurechnung der Steuerlast (hohe zugerechnete Steuerbelastung für die »Frauensteuerklasse« V) die Effekte des Splittings sichtbar macht. So lag z.B. 2001 für die Ehefrau eines Mannes mit einem zu versteuernden Jahreserwerbseinkommen von 80.000 DM, die sich entschloss, mit Steuerklasse V eine Teilzeittätigkeit mit 20.000 DM brutto im Jahr aufzunehmen, die ökonomisch zuzurechnende Steuerbelastung auf ihren Zuverdienst bei 30,6%. Bei einer Individualbesteuerung hätte sie auf den gleichen Betrag nur 6,6% Steuern bezahlt. Auch wenn das Ehepaar bei Haushaltsbetrachtung durch das Splitting letztlich profitiert, ist es, wie qualitative Studien belegen, genau diese individuelle Zurechnung der Grenzsteuerbelastung, die – in Verbindung mit zusätzlich aufzubringenden Kosten für die Kinderbetreuung – vor allem niedrigqualifizierte Ehefrauen davon absehen lässt, selbst eine versicherungspflichtige Beschäftigung aufzunehmen. Allenfalls entscheiden sie sich für eine geringfügige Beschäftigung – immerhin wurde bei den diversen Umgestaltungen dieser mit geringem Einkommen und ebensolchem Sozialschutz versehenen Beschäftigungsverhältnisse sorgsam darauf geachtet, dass die (kurzfristige) »Attraktivität« für den genannten Personenkreis erhalten blieb. Unterstützt wird die Nicht- oder eingeschränkte Erwerbsarbeit verheirateter Frauen im Sozialleistungssystem maßgeblich durch die Ausgestaltung abgeleiteter Sicherungsansprüche, vor allem der beitragsfreien Mitversicherung in der GKV sowie den Hinterbliebenenrenten – beides Regelungsbereiche, die in den meisten europäischen Ländern entweder nie existiert haben oder im Hinblick auf den Ausbau der eigenständigen Sicherung von Frauen in den letzten Jahren stark zurückgefahren wurden.

Auch wenn das Thema politisch immer noch (bzw. wieder einmal) zu zögerlich angegangen wird: Es ist unverkennbar, dass die ausgeprägte Ehezentrierung der deutschen Steuer- und Sozialpolitik dringend revisionsbedürftig ist. Während in den Bereichen der Sozialhilfe und der Leistungen bei Arbeitslosigkeit im Zuge der letzten Reformen unter Bezugnahme auf die Philosophie des »aktivierenden Wohlfahrtsstaates« und des »Fördern und Fordern« zunehmend die Anforderungen an die Leistungsempfänger/innen bzgl. der (Wieder-)Aufnahme einer Erwerbstätigkeit erhöht wurden, hält sich der Staat dort, wo die Alimentierung im privaten Bereich vor allem durch den Ehemann geschieht, nicht nur weiterhin zurück, sondern ist auch – mehr als in anderen europäischen Ländern – nach wie vor zur beträchtlichen finanziellen Unterstützung von Nichterwerbstätigkeit bereit. Dabei sollte zur Kenntnis genommen werden, dass die Entscheidung für oder gegen eine Eheschließung heute selbst häufig unter strategischen, durch die steuer- und sozialpolitischen Gegebenheiten beeinflussten Gesichtspunkten gefällt wird. Wie durch qualitative Studien belegt, erscheint dabei je nach persönlicher Situation die eine oder die andere Entscheidung günstiger: So gaben InterviewpartnerInnen an, durch steuerliche Vorteile oder die bessere sozialpolitische Absicherung (mit) zur Eheschließung motiviert worden zu sein, während andere freimütig schilderten, die Eheschließung zu vermeiden oder zumindest aufzuschieben, um z.B. als Alleinerziehende in den Genuss von Sozialhilfe und vor allem Krippenplätzen zu kommen.

Bei einer notwendigen Umgestaltung der Ehesubventionierung zugunsten einer Förderung, die die besonderen Bedarfe von Personen mit Fürsorgeverpflichtungen berücksichtigt, ansonsten aber unterschiedlichen Lebensformen gegenüber neutral ist, ist jedoch zu bedenken, dass die Beharrung der durch die momentanen Regelungen unterstützten Rollenzuschreibungen auch die Entwicklung solcher Frauen behindert, die berufsorientiert sind und gar keine Kinder haben. Die Unterstellung von potenzieller Mutterschaft und Hausfrauenrolle und die dadurch erwarteten Erwerbsunterbrechungen und Leistungsminderungen haben Einfluss auf das betriebliche Einstellungs- und (Be-)Förderungsverhalten. Zudem werden im Rahmen der betrieblichen Arbeitszeit- und Arbeitsorganisation häufig Anforderungen gestellt, die – scheinbar geschlechtsneutral – von der jederzeitigen Verfügbarkeit ausgehen. Dies setzt nicht nur die Abwesenheit von außerberuflichen Verpflichtungen voraus, sondern ist unausgesprochen am Modell eines männlichen Alleinverdieners orientiert, dem die nichterwerbstätige Frau »den Rücken freihält«. Solange solche Lebensentwürfe staatlich subventioniert werden, werden damit zugleich die möglichen Karrieren berufsorientierter Frauen, denen selbst in den seltensten Fällen eine solche häusliche Unterstützung zuteil wird, blockiert.

Gesucht: Konsistente Signale in der Arbeitsmarkt-, Arbeitszeit-, Steuer- und Sozialpolitik

Das Problem liegt also in der Inkonsistenz der Signale. Zunehmende Widersprüche zwischen dem in Institutionen geronnenen Leitbild – Ernährermodell, Normalfamilie – und den von einem wachsenden Teil der Frauen und Männer geteilten, veränderten Leitbildern und realisierten Lebensformen, die von der Politik inzwischen auch (zögerlich) unterstützt werden, sind nicht zu übersehen. International vergleichende Studien haben ergeben, dass genau in dieser Inkonsistenz der Grund liegen könnte, weshalb die faktische Gleichstellung der Geschlechter in Deutschland so zögerlich von sich geht.

Für die gleichberechtigte Teilhabe von Frauen und Männern am Erwerbsleben steht daher auf der Tagesordnung, einen gesellschaftlichen Diskussionsprozess über ein neues Normalarbeitsverhältnis zu führen, das die gestiegenen Qualifikationen und beruflichen Orientierungen von Frauen sowie die veränderten Familienformen zum Ausgangspunkt nimmt. Ein neu gestaltetes Normalarbeitsverhältnis müsste Frauen wie Männern erlauben, verschiedene Lebensbereiche zu integrieren, ohne dass die traditionelle geschlechtsspezifische Arbeitsteilung vorausgesetzt wird.

Die Autorin vertritt die These, dass ein zukunftsfähiges Modell nicht so aussehen kann, dass durchgängige Vollzeiterwerbstätigkeit für alle Erwachsenen zur Normalität erklärt wird und damit sozusagen das bisherige, auf den männlichen Erwerbstätigen mit nichterwerbstätiger Ehefrau zugeschnittene Normalarbeitsverhältnis auf alle Erwachsenen zu übertragen wäre. Unsere in mehreren Projekten geführten Interviews lassen keinen Zweifel daran, dass z.B. doppelte Vollzeiterwerbstätigkeit mit jüngeren Kindern selbst gut organisierte Familien, die auf vielfältige Unterstützungsressourcen zurückgreifen können, oft an den Rand der Erschöpfung bzw. des Machbaren bringen. Dass unter Eltern jüngerer Kinder unter den gegebenen Bedingungen mehrheitlich die »Vollzeit-Teilzeit-Lösung« als (vorübergehendes) Optimum angesehen wird, bestätigte sich in den Interviews insofern, als überraschenderweise gerade ostdeutsche Frauen einen Wunsch nach kürzeren Arbeitszeiten artikulierten. Den meisten dieser Frauen erschien ein »Sechs-Stunden-Tag«-Modell wünschenswert.

Ein zukunftsfähiges Modell müsste also für Personen in unterschiedlichen Lebenslagen (und mit unterschiedlichen Prioritäten) auch Varianten und Schwankungen im Arbeitszeitumfang zulassen. Dies scheint an sich in Deutschland angesichts der hohen Teilzeitrate bereits gut verwirklicht. Durch das Teilzeit- und Befristungsgesetz wurde 2001 zudem ein (eingeschränkter) Rechtsanspruch auf Reduzierung der Arbeitszeit installiert, bei dem der/die Beschäftigte auch die gewünschte Lage und Verteilung der Arbeitszeit vorschlagen kann. Auch wenn hier hinsichtlich der vom Gesetz erfassten Personen (es gilt nur in Betrieben mit mindestens 15 Beschäftigten) und hinsichtlich der Ablehnungsgründe, die der Arbeitgeber geltend machen kann, noch kein umfassendes Recht auf Teilzeit begründet worden ist, ist das Gesetz doch ein Schritt in die richtige Richtung. Es ist bisher – Auswertungen des IAB zufolge – auch im Wesentlichen konfliktfrei praktisch umgesetzt worden. Allerdings sind hier längst nicht alle Probleme gelöst. Für viele Erwerbstätige lässt sich der eigentlich gewünschte Arbeitszeitumfang bisher nicht verwirklichen. Neben den bei Teilzeitarbeit proportionalen Einkommensverlusten sprechen für viele Befragte auch arbeitsorganisatorische Gründe dagegen. Es ist nach wie vor nicht gewährleistet, jede qualifizierte Tätigkeit mit reduzierter Stundenzahl auszuüben. Wo die Möglichkeit der Teilzeitarbeit nicht mit einer Aufgabenreduktion einhergeht und Teilzeitbeschäftigte zudem dem Verdacht unterliegen, nicht beruflich engagiert zu sein, kommt es zu (Zeit)Konflikten, die Eltern zusätzlich belasten.

Eine im Kern auf Erwerbsarbeit beruhende Gesellschaft mit zunehmend flexiblen Erwerbs- und Lebensverläufen setzt voraus, dass jeder/jedem Erwachsenen die Möglichkeit der finanziellen Autonomie gegeben ist. Dies bedeutet im Regelfall, dass eine *existenzsichernde* Beschäftigung zur Norm erhoben wird. Allerdings muss die individuelle Existenzsicherung nicht durchgängig durch eigene Erwerbstätigkeit zu erreichen sein. Denkbar ist auch die temporäre Kombination von Erwerbs- und Transfereinkommen zur Erreichung dieses Ziels. Frauen erreichen jedoch in vielen Fällen – trotz einer etwa gleich hohen Gesamtarbeitsbelastung wie Männer – *weder* ein existenzsicherndes Erwerbseinkommen *noch* eine Kombination aus Erwerbseinkommen und (eigenständigen) Sozialtransfers, die zur Existenzsicherung ausreichen würde. Hier fehlt es an kompensatorischen sozialpolitischen Lösungen sowie an einem breiten, individualisierten Zugang zur sozialen Sicherung.

Faktisch existieren diverse Einkommenskombinationen bereits, z.B. durch Arbeitslosengeld bei Arbeitslosigkeit anschließend an eine Erwerbsphase oder durch Gehaltsaufstockungen bei Altersteilzeit. Vom Haushaltseinkommen abhängige Leistungen wie Arbeitslosenhilfe oder Sozialhilfe vermögen dieses Kriterium allerdings nicht zu erfüllen. An anderen Stellen, z.B. bei aus Gründen der Kindererziehung gewählter Teilzeitarbeit, sind direkte kollektiv finanzierte Ausgleichszahlungen (d.h. Gehaltsaufstockungen) bisher gar nicht vorgesehen. Hier müsste mit einem (analog zur Altersteilzeit ausgestalteten) »Elternteilzeitmodell« angesetzt werden.[2]

Soll mit der Förderung der langfristigen Erwerbsintegration von Müttern Ernst gemacht werden, so sollten die beiden Vorschläge, a) zumindest einen Teil des Erziehungsurlaubs (nach dem Modell der schwedischen Elternversicherung) mit einer Lohnersatzleistung zu verknüpfen und b) familiär bedingte Teilzeitarbeit auch während der Erwerbsphase aufzustocken,[3] eine hohe Priorität haben. Bei der Frage nach der Finanzierbarkeit sind die langfristigen Einsparpotenziale in den Bereichen des Ehegattensplittings und der abgeleiteten Sicherungsformen zu berücksichtigen.

---

[2] Dieser – auch von der Autorin – bereits seit Mitte der 1990er Jahre eingebrachte Vorschlag hat bisher zwar keine große politische Resonanz gefunden. Seit 2002 gehört er aber zu den Forderungen des DGB und ist auch neuerdings wieder prononciert in die Öffentlichkeit gebracht worden. Dass durch einen teilweisen Einkommensausgleich bei Teilzeitarbeit zusätzliche Interessent/innen für reduzierte Arbeitszeiten gefunden werden können und dies auch Beschäftigungseffekte haben kann, zeigt das »niedersächsische Modell«. Hier wurden auf der Grundlage eines Tarifvertrages für die niedersächsische Metall- und Elektroindustrie Aufstockungszahlungen aus einem von den Tarifvertragsparteien finanzierten Tariffonds gezahlt. 62% der weiblichen Nutzerinnen dieses Modells gaben an, die gewonnene Zeit für familienbezogene Arbeiten zu nutzen.

[3] Für die Nacherwerbsphase ist diese Aufstockung bereits im Rahmen der letzten Rentenreform hinreichend geregelt worden.

Zunehmender Bedarf besteht in einer Erwerbstätigengesellschaft auch an Freistellungsrechten zur kurzfristigen Pflege erkrankter erwachsener Angehöriger, wie sie z.B. in Belgien, Schweden oder den Niederlanden existieren.

Über die Frage, welche Formen der Erwerbsunterbrechung oder -beschränkung zukünftig rechtlich abgesichert werden und welche gesellschaftlich subventioniert werden sollen (und welche nicht [mehr]), wie lange und in welchem Umfang gezahlt werden sollte etc., muss ein gesellschaftlicher Diskussionsprozess geführt werden. Betrachtet man die Verteilung von Arbeit, Zeit und Geld über den Lebensverlauf, so gibt es gute Argumente dafür, die Unterstützung darauf zu konzentrieren, Menschen vor allem in den Phasen der größten Zeitnot – im mittleren Lebensalter, wenn gegebenenfalls Kinder zu versorgen sind – zu entlasten.[4] Dabei sprechen die Ergebnisse vieler vorliegender erwerbsbiografischer Studien dafür, dass eine Förderung von Erwerbseinschränkungen (z.B. in Form von Elternteilzeit) einer Verlängerung von Erwerbsunterbrechungen (z.B. durch eine weitere Ausdehnung der Elternzeit) im Hinblick auf die späteren Erwerbs- und Einkommenschancen deutlich vorzuziehen ist.

Hinsichtlich der gleichgewichtigen Aufteilung der Erwerbs- und Sorgearbeit zwischen den Geschlechtern sind in den letzten Jahren in Europa immer wieder Konzepte entwickelt worden, denen bei der aktuellen sozialpolitischen Diskussion über Entlastung und Förderung von Familien – gerade auch vor dem Hintergrund der ins Stocken gekommenen allgemeinen Arbeitszeitverkürzung – mehr Aufmerksamkeit geschenkt werden sollte. Zu nennen ist hier die »doppelte 25-Stunden-Woche«[5] (Arbeitsgruppe »Umverteilung der Arbeit« 1995), ein Modell, das in der Schweiz entwickelt wurde, oder das so genannte »Kombinationsszena-

---

[4] Den gleichen Überlegungen folgen neuere Ansätze in Holland zur Neuverteilung der Arbeitszeit über den Lebensverlauf, wie sie seit 2001 in mehreren konzeptionellen Papieren des Sozialministeriums, verschiedener politischer Parteien und Kommissionen zu finden sind. Die Überlegungen beziehen sich z.B. auf die Ausgestaltung von Lebensarbeitszeitkonten bzw. Zeitbanken und Möglichkeiten, einen Vorgriff auf spätere Rentenansprüche während der »Zeitnotphasen« des Lebens zu eröffnen.

[5] Gemeint ist ein Konzept, bei dem die Paararbeitszeit 50 Stunden beträgt – ein Wert, der in etwa auch für viele Eltern in der Vollzeit-Teilzeit-Kombination zutrifft –, diese aber gleichmäßig auf Mutter und Vater verteilt ist.

rio«, das in den 1990er Jahren in den Niederlanden diskutiert wurde.[6] In Deutschland waren ähnliche Ideen bereits Mitte der 1990er Jahre von den GRÜNEN in die Debatte gebracht worden, z.B. die Anträge »Mehr Zeit und Geld für Kinder« (1995) sowie das »Bonus-Malus-System« (1997). Sie sind allerdings seit der Regierungsbeteiligung nicht weiter verfolgt worden.

Ansätze, die die paritätische Aufteilung der Kinderbetreuung und gemeinsame Verantwortung von Mutter und Vater stützen, liegen gerade in der Ausgestaltung und phasenweisen Verkürzung der Arbeitszeiten der Eltern. Wird dies nicht berücksichtigt, liegt die Gefahr nahe, dass mit Hilfe von zeitlich ausgedehnten, hochflexiblen Betreuungsangeboten auch der betriebliche Anspruch an den vollen (nicht nur vollzeitigen, sondern eher an physischen Grenzen orientierten) Einsatz männlicher wie weiblicher Beschäftigter zunimmt. Dringend nötig ist also zugleich eine Thematisierung von Grenzen der Belastbarkeit und von (zeitlichen) Schutzräumen für Personen mit Fürsorgeaufgaben.

Bei der Realisierung neuer Lösungen, bei denen Arbeits- und Lebenswelt gleichermaßen zu ihrem Recht kommen, kommt auch den Betrieben eine Rolle zu, die bei weitem über das hinaus geht, was traditionell dem Bereich der betrieblichen Sozialpolitik zugerechnet wird. Letztlich muss es in den Betrieben einen Paradigmenwechsel geben, bei dem grundsätzliche jede/r Beschäftigte selbstverständlich als Fürsorgearbeit Leistende/r angesehen wird, sei es bei der Versorgung der eigenen Kinder, bei der Pflege von Angehörigen oder auch im weiteren Sinne in soziale Arbeit involviert. Dazu gehört, dass Unternehmen in selbstverständlicher Weise Rücksicht darauf nehmen, dass potenziell alle Beschäftigten in der »anderen Sphäre« gesellschaftlicher Notwendigkeit Verantwortung tragen, und nicht länger vom häuslich entlasteten Arbeitnehmer als Norm – zumindest für qualifizierte Beschäftigte – ausgehen.

Zumindest bei einem Teil der größeren Unternehmen – die entdeckt haben, dass ihnen der Verlust und die Neueinarbeitung junger, qualifizierter Mitarbeiter/innen teuer zu stehen kommt – sind in den letzten

[6] Dieses von einer niederländischen Zukunftskommission zur Umverteilung von unbezahlter Arbeit entwickelte und von der Regierung als Leitbild aufgegriffene Szenario sah vor, dass die Partner eines Haushalts mit Kindern pro Woche jeweils ca. 30-35 Stunden für Erwerbstätigkeit und ca. 20-25 Stunden für Versorgungsaufgaben aufwenden sollten.

Jahren vielfältige Angebote zur Unterstützung der Kinderbetreuung entwickelt worden (z.B. Commerzbank, Deutsche Lufthansa oder DaimlerChrysler). Gerade in der Kooperation und Kombination mit öffentlichen oder privatwirtschaftlich organisierten Kinderbetreuungsangeboten liegt ein Potenzial, das auch für kleinere Betriebe stärker als bisher umsetzbar wäre – wenn auch die aktuelle Werbung des Familienministeriums für entsprechende Modelle deutlich macht, dass hier noch viel Überzeugungsarbeit zu leisten ist.

In besonderer Weise haben die Betriebe die Möglichkeit, über die Gestaltung der Arbeitszeiten auf die Rahmenbedingungen für Personen mit Fürsorgeaufgaben Einfluss zu nehmen. Die seit etwa Mitte der 1990er Jahre (vorwiegend aus ökonomischen Gründen) eingeführten Arbeitszeitkontenmodelle, können in vielfältiger Weise für die bessere Abstimmung der beruflichen Aufgaben mit außerberuflichen Bedürfnissen genutzt werden. Entscheidende Voraussetzung dafür ist, dass die Beschäftigten weitreichende Zugriffsrechte auf ihre angesparten Arbeitszeitguthaben haben.

Es wird insofern zukünftig sowohl auf die Entwicklung der vom Staat zu schaffenden gesetzlichen Rahmenbedingungen (z.B. Elternzeit, Teilzeitoptionen während der Elternzeit, aber auch andere Betreuungs- oder Weiterbildungsphasen) und die im Rahmen der Sozialpolitik zu schaffenden zusätzlichen monetären Transfers zur Absicherung dieser Optionen während der Erwerbs- und der Nacherwerbsphase ankommen wie auch um ihre Umsetzung in den Betrieben und die Entwicklung erweiterter betriebsspezifischer Lösungen.

Wilhelm Adamy

Herausforderungen einer älter werdenden Erwerbsbevölkerung

Oder: wem nutzt eine alternsgerechte Gestaltung der Arbeitswelt?

Unsere Bevölkerung altert bekanntlich, insbesondere die Erwerbsbevölkerung. Diese mit Geburtenhäufigkeit, Sterblichkeit und Wanderungen einhergehenden bevölkerungspolitischen Prozesse sind seit langem erkennbar; in der breiten Öffentlichkeit werden sie erst in jüngster Zeit intensiv diskutiert. Die mit der wachsenden Anzahl älterer Menschen einhergehenden Belastungen und Risiken bestimmen dabei die Diskussion, positive Elemente und Gestaltungsansätze scheinen sich kaum abzuzeichnen. Als Bedrohung wird dies insbesondere für die Finanzierung des sozialen Sicherungssystems gesehen. Unübersehbar ist der Chor derjenigen, die einen Stopp der Frühverrentung und längere Lebensarbeitszeit fordern.

Der demographische Wandel scheint den Generationenkonflikt zu verschärfen. Es stellt sich allerdings die Frage, ob und inwieweit die betrieblichen und gesetzlichen Weichen tatsächlich in Richtung einer alternsgerechten Gestaltung der Arbeitswelt gestellt sind, damit die Erwerbstätigen auch bis zum 65. Lebensjahr arbeiten können.

1. Der Altersaufbau ändert sich

Die Geburtenziffern sind seit den 1970er Jahren deutlich gesunken und die Lebenserwartung weiter gestiegen. Die damit einhergehende Alterung der Bevölkerung wird ihren Höhepunkt in den nächsten Jahrzehnten erreichen. Zu den geburtenstärksten Jahrgängen zählen die heute 35-49jährigen. Zu dieser Altersgruppe gehören fast 20 Mio. Menschen. Sie wird in den nächsten Jahren deutlich abnehmen, weil in der nachwachsenden Altersgruppe der 20-34jährigen nur 16 Mio. Menschen leben. Im Jahre 2050 hingegen wird die Bevölkerung in dieser Altersgruppe bereits auf 12 Mio. sinken. Die Gruppe der 50-64jährigen bleibt dagegen in diesem Zeitraum mit über 15 Mio. Menschen relativ konstant. Die heute geburtenstarken Jahrgänge wechseln ab 2020 allmählich in das Seniorenalter während schwächer besetzte Jahrgänge nachrücken[1]

Wie tiefgreifend der Wandel der Altersstruktur ist, zeigt sich daran, dass heute fast jeder Vierte 60 Jahre oder älter ist. War vor 50 Jahren nur jeder Siebte 60 Jahre oder älter, wird es in 50 Jahren jeder Dritte sein. Die aktuelle Altersstruktur der unter 40jährigen und die Geburtenrate der nächsten Jahre werden die demographische Entwicklung der nächsten Dekaden in besonderer Weise prägen. Die Zahl der über 80jährigen wird sich in den nächsten 50 Jahren voraussichtlich sogar verdreifachen. Zweifelsohne wird für diesen Personenkreis – unabhängig davon, wie die Alterssicherung dann finanziert wird – eine höhere Belastung entstehen.

2. Verschärft sich der Generationenkonflikt?

Der demographische Wandel erhöht zweifelsohne den Druck auf die Alterssysteme und lässt den Bedarf an Gesundheits- und Pflegeleistungen wachsen. Den Jüngeren scheint diese Entwicklung eine düstere Zukunft zu verheißen, während die Älteren scheinbar die Sozialkassen »plündern« und die Rente der Jüngeren vorzeitig »verprassen«. Insbesondere diese mit dem Alterungsprozess einhergehenden Belastungen der Sozialen Sicherungssysteme werden thematisiert und fördern Zukunftsangst. Damit wird das Vertrauen der Menschen in die Sozialversicherung untergraben. Dabei wird in unserer Gesellschaft noch nie so viel vererbt wie aktuell und in naher Zukunft. Innerfamiliär vollzieht sich ein enormer Finanztransfer von den Älteren zu den Jüngeren.

Die Bereitschaft zur Finanzierung eines solidarischen Generationenvertrages schwindet hingegen. Von interessierter Seite wird Unsicherheit geschürt mit dem Ziel, solidarische Sicherungsformen möglichst durch private individuelle Vorsorge abzulösen. Doch beide Finanzierungsformen werden mit dem Altern der Bevölkerung einen steigenden Anteil des dann aktuell erwirtschafteten Sozialprodukts beanspruchen müssen. Nicht die Altersstruktur der Bevölkerung kann Aufschluss geben über den Wohlstand der gegenwärtigen wie den der künftigen Generationen; entscheidend ist vielmehr die jeweilige Produktivität und Leistungs-

[1] Vgl. Statistisches Bundesamt, Bevölkerung Deutschlands bis 2050, 10. koordinierte Bevölkerungsvorausberechnung.

fähigkeit einer Volkswirtschaft. Auch private und kapitalgedeckte Alterssicherungssysteme können einer »Demographiefalle« nicht entgehen, wie die aktuelle Entwicklung der Lebensversicherungen zeigt. Auch private Alterssicherung kann sich nicht vom Auf und Ab der Wirtschaft und der Börse abkoppeln.

Zweifelsohne muss das tatsächliche Rentenalter an die gesetzliche Altersgrenze herangeführt werden. Zugleich stellt sich allerdings die Frage, ob und inwieweit die mit der längeren Lebenserwartung gleichfalls verbundene längere Rentenbezugsdauer auf solidarische Weise finanziert werden soll und kann.

Den Belastungen des Alterns unserer Gesellschaft wird im aktuellen Diskurs ein weit größeres Gewicht beigemessen als den positiven Ansatzpunkten dieses bevölkerungspolitischen Strukturwandels. Zu begrüßen ist jedenfalls, dass die Lebenserwartung zunimmt, für Neugeborene wird sie in 50 Jahren weitere zwei bis sechs Jahre höher sein als heute. Ein 60jähriger Mann kann heute im Durchschnitt damit rechnen, noch etwa 19 Jahre zu leben, knapp vier Jahre mehr als ein Gleichaltriger im Jahr 1970. Die Lebenserwartung der 60jährigen in 30 bis 50 Jahren wird im Vergleich zu heute um voraussichtlich weitere drei bis vier Jahre steigen. Die heute 15-35jährigen können folglich gegenüber den heute 60jährigen auf einen Zugewinn an Lebenszeit hoffen. Dabei nimmt Deutschland bisher noch keinesfalls einen Spitzenplatz bei der Lebenserwartung in der EU ein; denn sowohl bei den Jungen wie den Mädchen liegen die Werte für Deutschland unter dem EU-Durchschnitt.

Zudem wird die heute jüngere Erwerbsbevölkerung im Alter über weit höhere Bildungs- und Berufsqualifikation verfügen und durchschnittlich gesünder sein als die heutige Altenbevölkerung. Jede Generation baut auf der wirtschaftlichen und sozialen Situation der Vorgänger auf. Allzu schnell wird z.B. vergessen, dass Jüngere heute z.B. kürzer arbeiten als die Generation vor ihnen, mehr Urlaub haben oder auch ein besseres soziales Umfeld wie größere Wohnungen etc. haben. Weder eine Dramatisierung noch eine Verharmlosung von Generationengerechtigkeit und demographischer Zukunftsbelastung sind angesagt, sondern eine Versachlichung. Damit rückt zugleich das Miteinander und nicht das Gegeneinander von Jung und Alt in Gesellschaft und Arbeitswelt in das Zentrum des öffentlichen Interesses.

3. Konsequenz für den Arbeitsmarkt

Vielfach wird befürchtet, dass mit dem demographischen Wandel der Wirtschaft die Fachkräfte ausgehen werden. Doch in diesem Jahrzehnt wird der Arbeitsmarkt hierdurch noch nicht nachhaltig entlastet. In naher Zukunft ist nicht etwa ein Mangel an Arbeitskräften das zentrale Problem, sondern nach wie vor die Massenarbeitslosigkeit. Die mit der Alterung der Bevölkerung verbundenen Konsequenzen für Alterssicherung und Gesundheitswesen werden in starkem Maße von den Kosten der Arbeitslosigkeit überlagert. Die Bekämpfung der Arbeitslosigkeit und die Erschließung neuer Wachstumsfelder müssten daher aktuelle Dauerbrenner der Debatte sein. Denn mit diesen Weichenstellungen wird zugleich mit entschieden über die längerfristigen Erwerbschancen unserer Jugend und die künftigen Verteilungsspielräume der Gesellschaft. Es ist etwas »faul im Staate Bundesrepublik« wenn der künftigen Versorgung der Alten mehr Aufmerksamkeit geschenkt wird, als den aktuellen Ausbildungs- und Beschäftigungsproblemen von Jugendlichen oder von Frauen. Bei rechtzeitiger zukunftsorientierter Ausbildung wird der demographische Wandel vor allem für Jüngere Chancen auf dem Arbeitsmarkt eröffnen.

Hier und heute besteht die Gefahr einer zu geringen Investition in gesellschaftliche und betriebliche Bildung. Die Bildungsexpansion der

Arbeitslosenquoten nach Altersgruppen 1998 bis 2002 (Ende September)

Altersgruppen	Neue Bundesländer					Alte Bundesländer				
	1998	1999	2000	2001	2002	1998	1999	2000	2001	2002
unter 20 Jahre	15,0	15,4	16,0	15,2	15,7	9,4	8,7	8,1	8,0	7,8
20 bis unter 25 Jahre	21,5	21,5	24,1	23,4	26,0	10,8	9,9	9,2	9,8	10,8
25 bis unter 30 Jahre	15,0	16,2	17,2	18,5	21,6	7,8	7,5	7,0	7,9	9,5
30 bis unter 35 Jahre	14,7	16,2	16,7	18,2	19,8	8,4	7,9	7,1	7,5	8,6
35 bis unter 40 Jahre	16,1	17,7	17,5	18,5	19,5	9,3	8,9	7,9	8,3	9,1
40 bis unter 45 Jahre	15,6	18,1	18,2	20,1	21,6	9,4	9,2	8,2	8,5	9,4
45 bis unter 50 Jahre	18,4	20,5	19,7	20,8	21,9	10,1	9,7	8,8	9,0	9,9
50 bis unter 55 Jahre	18,2	22,2	23,6	26,7	26,3	12,3	12,5	12,0	12,0	12,0
55 bis unter 60 Jahre	33,4	35,5	28,5	26,0	24,4	22,4	21,8	18,7	16,2	15,8
60 Jahre und älter	33,9	37,3	32,9	30,8	23,2	20,5	22,1	21,0	17,8	13,7
insgesamt	18,6	20,6	20,2	21,0	22,0	10,9	10,6	9,6	9,6	10,2
Bestand an Arbeitslosen in 1000	1.232	1.321	1.302	1.321	1.347	2.733	2.622	2.383	2.422	2.594

Basis: Sozialversicherungspflichtig Beschäftigte zum 30.06. Plus Arbeitslose zum 30.09.
Quelle: Bundesanstalt für Arbeit

vergangenen Jahrzehnte droht zu erlahmen. Die Anteile der »Ungelernten« bei den jüngeren Bevölkerungsgruppen und die Probleme in sozialen Brennpunkten steigen wieder – teilweise stagnieren auch die Quoten der Studienanfänger. Ohne rechtzeitiges Gegensteuern droht ein Teil der jüngeren Bevölkerung nicht ausreichend für die künftigen Herausforderungen der Arbeitswelt gerüstet zu sein. Die konkrete Arbeitsmarktlage und die subjektive Arbeitsprognose spielen zugleich eine wichtige Rolle bei Arbeitsunfähigkeit und Frühverrentung. So wirkt sich die Arbeitsmarktsituation auch auf die subjektive Einschätzung der Eingliederungschancen von Rehabilitanden aus. Bei ungünstiger Arbeitsmarktlage kann dies die Anstrengungen bezüglich der Wiedereingliederung negativ beeinflussen. Die Flucht aus der Arbeitswelt wird ebenso gefördert, wenn die Arbeit mit negativen Erfahrungen und gesundheitlichen Belastungen einherging. Die Thematisierung der demographischen Belastungen darf keinesfalls von den aktuellen Lasten und Herausforderungen der Arbeitslosigkeit ablenken.

4. Bisherige Lösungsansätze greifen zu kurz

In den 1970er und 80er Jahren wurde mit dem Anstieg der Arbeitslosigkeit die Frühverrentung und Vorruhestandspraxis zu einem weit verbreiteten Muster der Krisenbewältigung. In den 1990er wurde insbesondere in den neuen Ländern der Personalabbau darüber organisiert. Sozialverträgliche Anpassungsmaßnahmen haben lange Zeit gewisse Chancen auf eine aktive dritte Lebensphase eröffnet. Doch oftmals war diese Perspektive nicht frei gewählt, sondern konnten sich Ältere dem Druck von Betrieb und Arbeitsmarkt kaum entziehen. Bei hoher Jugendarbeitslosigkeit war dies oftmals das kleinere Übel.

Die betriebliche Interessenvertretung geriet gleichfalls in das Dilemma, vorrangig drohenden Personalabbau zu vermindern und abzufedern. Mit der Verjüngung der Betriebe und anhaltende Arbeitslosigkeit erlahmte zugleich das betriebliche Interesse an kompensatorischen und präventiven Maßnahmen im Betrieb. Anfang der 1990er Jahre wurden erste Schritte eines von den Gewerkschaften mitgetragenen Politikwechsels eingeleitet. So wurden mit dem Rentenreformgesetz von 1992 bereits Rentenabschläge zunächst für Arbeitslose eingeführt und die Altersteilzeit eröffnet. 1999 wurde dann das – abschlagsfreie – Zugangsalter generell angehoben. Ab 2002 ist ein Renteneintritt wegen Arbeitslosigkeit ohne Abschläge nur noch mit dem 65. Lebensjahr möglich und langjährige Versicherte können nicht mehr ohne Abschläge vorzeitig in Rente gehen. Für Schwerbehinderte und Frauen laufen die Übergangsregelungen 2004 bzw. 2005 aus. Dieser Kurswechsel hat die individuellen Verhaltensweisen der Arbeitskräfte bereits maßgeblich beeinflusst.

- So hat sich die Arbeitslosigkeit der rentennahen Jahrgänge seit 2000 absolut wie relativ massiv verringert, nicht jedoch in der Altersgruppe der 45-55jährigen. Im Westen ist die offizielle Arbeitslosenquote – ohne die Bezieher der Leistungen nach § 428 SG III (die so genannte 58er-Regelung) – bereits auf das Niveau der 50-55jährigen gesunken und nähert sich der Quote der 20-25jährigen an. Im Osten ist das Risiko der 20-25jährigen, arbeitslos zu werden, bereits höher als bei jenen im Alter von 55 Jahren und mehr.
- Gegenläufig zur allgemeinen Beschäftigungsentwicklung hat sich die Zahl der sozialversicherungspflichtig Beschäftigten im Alter von 60-65 von 1998 bis 2002 um 232.000 bzw. 46,9% erhöht und es konnte der Rückgang in der Gruppe der 55-60jährigen nahezu gestoppt werden. Zwar liegt die Beschäftigungsquote Älterer (55-64 Jahre) im EU-Vergleich nur im Mittelmaß, doch hat sie sich in den letzten beiden Jahren um einen Prozentpunkt erhöht und liegt zwischenzeitlich mit 38,4% wieder auf dem Niveau von 1991. Dabei ist die weit unterdurchschnittliche Quote in den neuen Ländern zu berücksichtigen.
- Das Rentenzugangsverhalten ändert sich, auch wenn dies infolge der auslaufenden Übergangregelung bisher nur begrenzt erkennbar wird. Das durchschnittliche Zugangsalter in der Arbeiter- und Angestelltenversicherung der alten Bundesländer ist seit 1996 stetig angestiegen und lag im vergangenen Jahr mit 60,8 Jahren noch über dem Niveau der Jahre 1960 bis 1963 und über dem seit 1977; im Osten liegt das Rentenzugangsalter der Versicherten hingegen noch 2,2 Jahre im Schnitt unter dem Niveau des Westens. Prognos rechnet damit, dass die bereits wirksamen Änderungen im Rentenrecht zu einem Anstieg von etwa 20% der Erwerbsquote der 60-65jährigen führen.
- Die Arbeitsmarktpolitik verlagerte die Schwerpunke zugleich hin zur Förderung aktiver Beschäftigung. So wurde das Strukturkurzarbeitergeld eingeführt und mit Unterstützung der Gewerkschaften die Vermittlungsinitiative der BA »50plus – die können es« gestartet. Mit dem JobAqtiv-Gesetz und den Beschlüssen des »Bündnis für Arbeit« wurde zugleich die Weiterbildung Älterer ab 50 Jahren in Betrieben bis zu 100 Beschäftigten gefördert. Mit den Hartz-Gesetzen folgte in diesem Jahr die Entgeltsicherung für ältere Arbeitslose, mit der Einkommenseinbußen bei Aufnahme eines niedriger entlohnten Jobs anteilig für

eine gewisse Zeit ausgeglichen werden sollen. Diese positiven Ansatzpunkte haben die Wiedereinstellungschancen von bereits arbeitslos gewordenen älteren Arbeitskräften nicht nachhaltig verbessern können. Insbesondere bei Neueinstellungen stoßen Ältere noch auf betriebliche Vorurteile. Oftmals haben sie nur eine Chance, wenn die Arbeitsämter betriebliche Lohnkostenzuschüsse gewähren. Anfang 2003 erfolgten bereits zwei von drei erfolgreichen Eingliederungen von Älteren durch die Arbeitsämter mit finanziellen Zuschüssen an die Betriebe. Für die Mehrzahl der über 55jährigen ist die Rückkehr in Beschäftigung noch keine realistische Perspektive.

- Mit der »Agenda 2010« folgen erneut individuelle Einschnitte. So wird der Anspruch auf Arbeitslosengeld für die rentennahen Jahrgänge ab 55 Jahren von bis zu 32 Monaten auf 18 Monate gekürzt und für die Altersgruppe von 45-55 Jahren auf ein Jahr begrenzt. Diese pauschale Kürzung trifft alle Arbeitslosen ab 45 Jahren unabhängig davon, ob sie einen Einfluss auf Eintritt und Beendigung der Arbeitslosigkeit haben oder nicht. Mit der Kürzung beim Arbeitslosengeld wird die betriebliche Erstattungspflicht bei Entlassung langjährig beschäftigter älterer Arbeitnehmer indirekt weiter ausgehöhlt. Sie hat sich in den letzten drei Jahren um zwei Drittel verringert und droht künftig leer zu laufen. Die aus verfassungsrechtlichen Gründen notwendige Übergangsregelung zur Dauer des Arbeitslosengeldes könnte schnell zu einer betrieblichen »Torschlusspanik« führen, da innerhalb dieses Zeitraumes von zwei Jahren unter Nutzung der Arbeitslosengeldzahlung von bis zu 32 Monaten die Belegschaft verjüngt werden kann.[2]
- Die Betriebe selbst rücken bisher noch nicht ins Zentrum einer neuen Handlungsstrategie, obwohl hier die Entscheidungen für und gegen die Erwerbstätigkeit Älterer fallen. Die bisherigen sozialpolitischen Korrekturen, die vorrangig beim einzelnen Arbeitnehmer ansetzen, werden die vielfach immer noch auf die Einstellung Jüngerer fixierte betriebliche Personalpolitik nicht nachhaltig beeinflussen. Solange ausreichende Arbeitskräfte zur Verfügung stehen, wird das vorzeitige Ausscheiden Älterer von den Betrieben weiter forciert werden. Nach einer IAB-Befragung haben nicht einmal 4% der befragten Betriebe das Älterwerden ihrer Belegschaft als Herausforderung für die eigene Personalpolitik angesehen. Kurzfristiges personalpolitisches Denken und Gewinnstreben erschwert einen notwendigen Paradigmenwech-

[2] Vgl. Wilhelm Adamy: Ausgrenzung von Älteren statt Begrenzung der Frühverrentung in: Soziale Sicherheit 7/2003, S. 218ff.

sel hin zu einer alternsorientierten Personalpolitik. Erst wenn diese Probleme innerbetrieblich virulent werden und die Einstellung geeigneter jüngerer Arbeitskräfte nicht mehr problemlos möglich ist, verändert sich der betriebliche Planungshorizont und es wird versucht, die Bedingungen, unter denen Ältere arbeiten, zu ändern.

Die politisch diskutierte Verlängerung der Lebensarbeitszeit lässt die betrieblichen Arbeitsbedingungen gleichfalls außen vor. Eine Rente mit 67 Jahren reduziert sich aktuell auf ein rein rentenrechtliches Instrument zur Erhöhung der Rentenabschläge. Sie verändert weder den Gesundheitszustand noch die Qualifikation der älteren Arbeitnehmer oder ihre Arbeitsbedingungen. Ebenso wenig verbessern sie die Wiedereinstellungschancen älterer Arbeitsloser. Eine grundlegende Veränderung des bisherigen Verrentungsgeschehens wird nur dann gelingen, wenn für einen großen Teil der Arbeitnehmer die Erreichbarkeit der Regelaltersgrenze wieder hergestellt wird. Dies muss mit Veränderung der Arbeits- und Beschäftigungsbedingungen einhergehen.

5. Belastungen und Anforderungen der Arbeitswelt

Der technische Wandel hat bisher weniger zu einem Belastungsabbau als vielmehr zu einer Belastungsverschiebung geführt. Arbeitsplätze mit anstrengenden und belastenden Arbeitsbedingungen sind nach wie vor verbreitet. Auch die Arbeitsverdichtung und das Arbeiten unter hohem Arbeitstempo und Termindruck sind vielfach höher geworden. Die psychischen Belastungen am Arbeitsplatz steigen ebenso.

Einen Einblick liefern folgende Fakten:[3]

- Jeder vierte Erwerbstätige im Alter von 45 Jahren und mehr muss praktisch immer oder häufig schwere Lasten tragen,
- jeder Zweite dieser Altersgruppe arbeitet unter starkem Termin- und Leistungsdruck,
- jeder Fünfte arbeitet an der Grenze der Leistungsfähigkeit,
- ein Drittel gibt an, immer oder häufig unter Kälte, Hitze, Feuchtigkeit, Zugluft, Rauch, Gasen oder Dämpfen zu arbeiten,
- jeder zehnte Mann im Alter von 45-55 Jahren leistet ständig oder regelmäßig Nachtarbeit, Tendenz steigend. In der Altersgruppe der 55-65jährigen ist es noch jeder Fünfzehnte.

---

[3] Vgl. Bundesrats-Drucksache, 14/03, Bericht der Bundesregierung über den Stand von Sicherheit und Gesundheit bei der Arbeit

Gesundheitliche Beschwerden während bzw. nach der Arbeit der Erwerbstätigen in %

Gesundheitliche Beschwerden	Erwerbstätige 45 Jahre und älter	Erwerbstätige jünger als 45 Jahre
Kreuzschmerzen	40,7	34,2
Schmerzen im Nacken-Schulter-Bereich	32,6	26,0
Schmerzen in Armen und Händen	14,8	10,8
Schmerzen in Hüften oder Knien	22,8	13,1
Schmerzen in Beinen und Füßen	18,6	13,0
Kopfschmerzen	16,8	17,6
Herzschmerzen, Enge in der Brust etc.	5,0	1,8
Husten oder Atemnot	5,0	3,6
Augenbrennen, -jucken und -tränen	9,5	7,2
Hautreizungen, Juckreiz	3,1	3,3
Nächtliche Schlafstörungen	11,6	6,3
Müdigkeit, Erschöpfung	19,5	18,5
Magen, Verdauungsbeschwerden	6,1	4,3
Hörverschlechterung	6,7	2,7
Nervosität oder Reizbarkeit	14,5	10,5
Niedergeschlagenheit	2,4	1,1
Schwindelgefühle oder andere Beschwerden	4,5	2,4
keine Beschwerden	26,8	36,4

Quelle: BiBB/IAB-Erhebung 1998/99 in Bundesrats-Drucksache 14/03, S. 182-183

Je nachdem, wie lange diese Tätigkeiten ausgeübt werden, zeigt sich ein direkter Einfluss auf Gesundheit und Leistungsfähigkeit. Eine Mitarbeiterbefragung des Wissenschaftlichen Institutes der AOK (Wido) bei 20.203 Befragten zeigte deutliche Zusammenhänge zwischen Arbeitsumfeld und gesundheitlichen Beschwerden auf.[4]

- Danach fühlen sich Schichtarbeiter von den zehn häufigsten gesundheitlichen Beschwerden fast immer eher betroffen als Kollegen, die keine Schichtarbeit leisteten.
- Rund 80% derjenigen mit häufigen Verspannungen oder Rückenschmerzen sahen einen direkten Zusammenhang ihrer Beschwerden und ihrem Arbeitsplatz.
- Das Betriebsklima spielt gleichfalls eine nicht zu vernachlässigende Rolle. So leiden diejenigen, die das Betriebsklima schlecht finden, deutlich häufiger an Rückenschmerzen, Verkrampfungen oder Abgeschlagenheit als ihre Kollegen.

[4] Vgl. Alexander Redmann, Isabell Rehbein: Gesundheit am Arbeitsplatz, Bonn 2000.

Häufig steigen die Belastungen mit dem Alter, so klagen fast drei Viertel der Erwerbstätigen im Alter von 45 Jahren und mehr über Schmerzen im Rücken, Nacken- oder Schulterbereich während oder unmittelbar nach der Arbeit. Über Schmerzen in Armen und Händen, in der Hüfte, den Beinen, Füßen und Knien klagt gut jeder zweite Erwerbstätige ab 45 Jahren, über Schlafstörungen klagt jeder achte oder neunte Erwerbstätige und fast 15% der Erwerbstätigen klagen über Nervosität und Reizbarkeit.

Zweifelsohne beeinflusst das Alter Arbeitsunfähigkeit und gesundheitliche Belastungen. Doch berufliche Belastungen haben einen größeren Einfluss auf das Krankheitsgeschehen als das Lebensalter. Arbeitsunfähigkeit wie Frühverrentung werden in starkem Maße von der Berufstätigkeit beeinflusst. Zugleich wächst mit der Schwere der gesundheitlichen Belastung und nachlassender Leistungsfähigkeit die Bereitschaft zu einem früheren Ausstieg aus dem Arbeitsleben.

Infolge der Änderungen in Renten- und Arbeitslosenversicherung wird dies künftig mit massiven finanziellen Einbußen verbunden sein. Doch den Betrieben wird dieser einfache Weg, Ältere und Leistungsgeminderte aus dem Betrieb auszugliedern und die damit verbundenen Kosten nach außen zu verlagern, nicht generell verbaut. Ebenso wenig werden die Handlungsmöglichkeiten der betrieblichen Interessenvertretung und der Arbeitsschutzakteure gestärkt, um auf eine Änderung der betrieblichen Personalpolitik hinwirken zu können.

6. Gesellschaftliche Kosten arbeitsbedingter Erkrankungen

In den Betrieben sind die Weichen noch längst nicht für eine alternsgerechte Gestaltung der Arbeitswelt gestellt. Die arbeitsbedingten gesellschaftlichen Kosten eröffnen große Spielräume für Effizienzsteigerung zur Entlastung des Sozialstaates sowie zur Steigerung von Lebensqualität und Lebenserwartung. Die derzeitigen betrieblichen wie gesetzlichen Lösungsansätze setzen meist erst ein, wenn die Gesundheitsschädigung bzw. Krankheit bereits eingetreten ist.

Die Bundesanstalt für Arbeitsschutz und Arbeitsmedizin schätzt die volkswirtschaftlichen Kosten der Produktionsausfälle durch Arbeitsunfähigkeit in Deutschland auf insgesamt 44,76 Mrd. Euro für das letzte Jahr, der Ausfall an Bruttowertschöpfung wird gar auf 70,75 Mrd. Euro geschätzt.[5] Eine andere gleichfalls im Auftrag der Bundesanstalt für Arbeitsschutz

[5] Bundesrats-Drucksache 14/03, S. 42.

durchgeführte Untersuchung beziffert die durch arbeitsbedingte Erkrankungen verursachten Kosten für 1998 auf mindestens 28,4 Mrd. Euro. Diese Summe setzt sich zusammen aus 14,9 Mrd. Euro direkte Kosten für die Krankheitsbehandlung und 13,5 Mrd. Euro indirekte Kosten infolge des Verlustes an Erwerbsjahren durch Arbeitsunfähigkeit. Zu den arbeitsbedingten Erkrankungen wurden dabei Gesundheitsstörungen gerechnet, die weitgehend durch Arbeitsumstände verursacht wurden.[6]

Auffallend ist, dass fast vier Fünftel aller Arbeitsunfähigkeitstage der Erwerbstätigen auf Krankheitsgruppen entfallen, die in engem Zusammenhang mit den Arbeitsbelastungen stehen, wie Muskel- und Skeletterkrankungen, Erkrankungen der Atemwege oder Verletzungen und Vergiftungen. Diese Risiken unterscheiden sich in starkem Maße je nach beruflicher Stellung, der ausgeübten Tätigkeit sowie dem Qualifikationsniveau.

So häufen sich Herzinfarkte überall dort, wo Stress, hohe Verantwortung, Nachtarbeit und besondere Belastungen wie Hitze oder Lärm bestehen. Bei Herz- und Kreislauferkrankungen besteht bekanntlich ein beachtliches Präventionspotenzial. Dies gilt ebenso bei Erkrankungen des Muskel-Skelettsystems. Diese chronischen Erkrankungen entstehen schleichend über Jahre hinweg. Modellrechnungen hierzu zeigen, »dass allein die biomechanischen Risiken aus der Arbeitswelt für rund 50% aller Muskel- und Skeletterkrankungen verantwortlich zu machen sind«.[7] Doch das völkerrechtliche Übereinkommen der Internationalen Arbeitsorganisation (IAO) zum Heben und Tragen schwerer Lasten aus dem Jahre 1970 wurde bis heute von Deutschland nicht ratifiziert.

Nach der gemeinsamen Erhebung von BiBB und IAB in 1998/99 gaben insgesamt 11,3% der abhängig Beschäftigten an, in den letzten zwölf Monaten wegen eines Arbeitsunfalls oder wegen einer Krankheit, die mit dem Beruf zusammenhängt, arbeitsunfähig gewesen zu sein.

Die Frühverrentung wegen gesundheitlicher Erwerbsminderung ist ein ebenso aktuelles Problem. Rund 176.000 Renteneintritte des vergangenen Jahres sind auf verminderte Erwerbstätigkeit zurückzuführen. Meist ist dies auf chronische Erkrankungen wie Krankheiten der Muskeln und des Skeletts, des Kreislaufsystems sowie auf psychische Erkrankungen zurückzuführen. Auch treten sie vor allem bei körperlich anstrengenden und belastenden sowie gering qualifizierten (einfachen) Tätigkeiten auf.

---

[6] W. Bödeker u.a.: Kosten arbeitsbedingter Erkrankungen, in: Schriftenreihe der Bundesanstalt für Arbeitsschutz und Arbeitsmedizin, Forschungsbericht 946, Dortmund/Berlin 2002.

[7] Max Gussone u.a.: Ältere Arbeitnehmer, Frankfurt/Main 1999, S. 89.

Trotz der zwischenzeitlich erfolgten Änderungen bei der BU/EU-Rente erfolgt im Westen mehr als jeder sechste Renteneintritt wegen verminderter Erwerbsfähigkeit. Dabei sinkt das durchschnittliche Zugangsalter dieser Rentenempfänger gegen den allgemeinen Trend. Im Schnitt gehen sie zwei Jahre früher in Rente als noch 1993. Im Vergleich zu 1970 hat das Zugangsalter bei den westdeutschen Männern bereits um sechs Jahre abgenommen, bei den westdeutschen Frauen sogar um knapp zehn Jahre.

Arbeitsbedingte Erkrankungen wie gesundheitsbedingte Frühverrentung verweisen gleichermaßen auf die Notwendigkeit einer betrieblichen und außerbetrieblichen Politik der Präventions- und Gesundheitsförderung. Die Einsparpotenziale sind enorm. Kosten-Analysen in verschiedenen Unternehmen Finnlands haben ergeben, dass sich »drei- bis zwanzigfache Einsparungen gegenüber den getätigten (gesundheitspolitischen) Ausgaben« ergaben, den Gewinn an Gesundheit und Wohlbefinden nicht mitgerechnet.[8] In der bundesdeutschen Diskussion um Frühverrentung und demographische Belastungen bleiben diese Handlungsansätze weitgehend ausgeblendet. Insbesondere die Arbeitgeber werden vielmehr nicht müde, weitergehende Leistungseinschnitte für betroffene Arbeitnehmer zu fordern.

7. Defizite betrieblicher Personalpolitik

Die Enquête-Kommission »Demographischer Wandel« hält einen »strategischen Wandel in der betrieblichen Personalpolitik weg von Jugendzentrierung und hin zu einer altersgruppenübergreifenden integrierten Personalpolitik« für notwendig.[9] Doch in der Praxis werden geeignete Maßnahmen nur von einer Minderheit der Betriebe ergriffen. Praktisches Handeln und die Einschätzungen bei betrieblichen Befragungen driften immer noch auseinander. Die vom Bundesministerium für Bildung und Forschung finanzierten Projekte zum demographischen Wandel haben jedenfalls gezeigt, dass die Personalpolitik zu wenig präventiv ist.[10] In der Praxis zeigen sich insbesondere folgende Probleme:

---

[8] Vgl. J. Ilmarinen, J. Tempel: Erhaltung, Förderung und Entwicklung der Arbeitsfähigkeitskonzepte und Forschungsergebnisse aus Finnland, in: Bernhard Badura u.a.: Fehlzeiten-Report 2002 Berlin, Heidelberg 2003.

[9] Enquête-Kommission Demographischer Wandel, in: Zur Sache 3/2002, S. 197.

[10] Vgl. Jochen Pack u.a.: Zukunftsreport demographischer Wandel, Bonn 2000.

- Vorzeitiger Verschleiß, verursacht durch einseitige physische und psychische Arbeitsbelastungen sowie zu niedrige Qualifikationsanforderungen. Trotz des Wissens um die begrenzte Tätigkeitsdauer mancher Jobs lagen in den meisten Betrieben seitens der Personalverantwortlichen keine Konzepte zur Gestaltung des Erwerbsverlaufs vor, die Vorsorge treffen und betriebliche bzw. individuelle Ausweichmöglichkeiten eröffnen.
- Spezialisierungsfallen infolge einseitiger altersbezogener Zusammensetzung der Belegschaft. Häufig kommt es bei Produkt- oder Prozessinnovationen zu einer altersbezogenen Zuordnung. Die älteren Arbeitskräfte werden eher für auslaufende Produkte und Produktlinien eingesetzt, während für neue Produkte jüngere Arbeitskräfte eingesetzt werden. Argumentativ unterstützt wird diese Position oftmals mit den bewährten Kenntnissen und Kundenbeziehungen der Älteren und der scheinbar größeren Belastbarkeit und Innovationsfreudigkeit sowie der noch aktuelleren Ausbildung und Qualifizierung der Jüngeren.
- Kompakte Altersstrukturen, die eine generationsübergreifende Personalpolitik erschweren. Infolge der Frühverrentungspolitik konzentriert sich die Belegschaft relativ häufig auf die Altersgruppe der 30-50jährigen. Damit reduzieren sich die Spielräume für Neueinstellungen und des Wissens- und Erfahrungstransfers zwischen den Generationen. Mit der Verrentung en bloc kann das Erfahrungswissen der Älteren nicht wirksam weitergegeben werden.
- Optimierungsfallen infolge des kurzfristigen Ertrags- und Kostendrucks. Bei einer Strategie der Kurzfristoptimierung müssen Aspekte der längerfristigen Arbeitsfähigkeit, des Erhalts und der Ausweitung von Qualifikationen und Leistungsfähigkeit zumindest so lange hintangestellt werden, wie weniger leistungsfähige Arbeitskräfte durch jüngere und leistungsfähigere ersetzt werden können. Qualifizierungsmaßnahmen für Ältere scheinen sich kaum zu amortisieren. Für Arbeitnehmer ist mit dieser Personalpolitik immer die Gefahr verbunden, den Arbeitsplatz vor Erreichen des Rentenalters zu verlieren.

Nicht zuletzt wird im Betrieb weit mehr auf die Einhaltung technischer Sicherheitsstandards und die Senkung von Unfallgefahren geachtet, als auf eine generelle gesundheitsfördernde Gestaltung der Arbeitswelt. Mängel in der betriebsärztlichen Versorgung sind nicht zu übersehen, zumal nur rund die Hälfte der Beschäftigten betriebsärztlich betreut wird.

8. Ansatzpunkte einer zukunftsorientierten betrieblichen Personalpolitik

Insbesondere die Betriebe können bisher nicht ausgeschöpfte Humanisierungsspielräume ausschöpfen und einen Beitrag zum demographischen Strukturwandel leisten. Damit werden zugleich Risiken und Leiden vermindert, Kosten gesenkt und soziale Lasten reduziert. Besondere Handlungsebenen sind dabei die betriebliche Qualifizierungs- und Gesundheitspolitik. Weiterbildung im Betrieb kommt insbesondere für jene mit dem größten Bildungsbedarf zu kurz (Geringqualifizierte und Ältere). Das zwischenzeitlich allgemein anerkannte Prinzip des »Lebenslangen Lernens« sollte inhaltlich und methodisch für alle Altersgruppen mit Leben erfüllt werden. Den bisher bestehenden Selektionsmechanismen bei der betrieblichen Weiterbildung sollte entgegengewirkt werden, tragen doch die Lernungewohnten das größte Arbeitsmarktrisiko.

Personalentwicklungsmaßnahmen sollten systematisch vorgesehen werden, um drohender Dequalifikation und/oder Gesundheitsschäden rechtzeitig entgegenwirken und qualifikationsfördernde und altersadäquate Positions- und Tätigkeitswechsel eröffnen zu können. Innerbetriebliche Entwicklungspläne können so zur Erweiterung beruflicher Kompetenzen beitragen. Präventive Qualifizierungs- und Gesundheitskonzepte sollten in Maßnahmen der Arbeitszeitpolitik eingebunden sein, wie die Enquête-Kommission richtigerweise betont.

Unverzichtbar ist gleichfalls ein Abbau von Arbeitsbelastungen, insbesondere an Verschleiß- und Routinearbeitsplätzen. Soweit dies nicht möglich ist, muss die Verweildauer an belastenden Arbeitsplätzen begrenzt werden. Fehlbeanspruchung gilt es zu vermeiden, umgekehrt sind allen Arbeitskräften Handlungsspielräume auf die ihnen übertragenen Aufgaben zu eröffnen. Positiv wirken sich insbesondere auch ein förderndes soziales Umfeld und adäquate Unterstützungsmaßnahmen aus. Dies kann durch eine vorurteilsfreie Unternehmens- und Führungskultur älteren Arbeitnehmern gegenüber nachhaltig gefördert werden. Diese Handlungsoptionen müssen mehr sein als moralische – aber letztlich wirkungslose – Good-Will-Aktionen. Positive Beispiele einzelner Betriebe können hilfreich sein, reichen für die notwendige Kurskorrektur aber keinesfalls aus. Neue finanzielle Anreize könnten ebenso zu einem wirksamen Hebel zur Stärkung präventiver Betriebs- und Personalpolitik werden wie die neuen Interventionsformen, die im Schwerbehindertengesetz angedacht sind.

Um die Schwierigkeiten bei der Beschäftigung Schwerbehinderter möglichst nicht entstehen zu lassen oder frühzeitig zu beheben, sieht z.B. § 84 SGB IX den Ausbau der betrieblichen Prävention vor. Sie zielt darauf ab, dass alle Beteiligten wie Arbeitgeber, Schwerbehinderte, der Betriebs-/Personalrat und die Schwerbehindertenvertretung sowie das Integrationsamt bei erkennbaren Störungen im Beschäftigungsverhältnis gemeinsam nach innerbetrieblichen Lösungen suchen. Zudem werden die Betriebe zum Abschluss einer Integrationsvereinbarung mit der Schwerbehindertenvertretung und dem Betriebs-/Personalrat angehalten. In dieser Vereinbarung sollen konkrete Ziele und Maßnahmen zur Integration schwerbehinderter und gesundheitsbeeinträchtigter Menschen vorgesehen werden, beispielsweise zur Personalplanung, zur Arbeitsplatzgestaltung, Arbeitsorganisation oder Arbeitszeit. Damit soll den Betroffenen und ihrer Interessenvertretung Beteiligungsmöglichkeiten und betriebsspezifische Lösungsansätze eröffnet werden. Die Betriebsräte sind ebenso aufgerufen, ihre Mitbestimmungsrechte zu nutzen, wie ihr Initiativrecht des Betriebsverfassungsgesetzes bei schleichender Dequalifizierung von Beschäftigten.

9. Weiterentwicklung des betrieblichen Gesundheitsmanagements

Anknüpfend an den Präventionsgedanken im Schwerbehindertenrecht sollte vom Gesetzgeber ein umfassendes Gesundheitsmanagement vorgeschrieben werden. Betriebliche Gesundheitspolitik sollte dabei nicht nur einzelnen Akteuren zugeordnet werden – wie den Betriebsärzten – sondern als gesamtbetriebliche Aufgabe verstanden werden. In einem damit befassten Ausschuss des Betriebes sollten alle relevanten Akteure zusammenarbeiten.

Die Verpflichtung der Arbeitgeber zur Suche nach flexiblen betrieblichen Lösungen bei krankheitsbedingter Gefährdung der Beschäftigung sollte generell verankert werden. Es zählt zu den unbestrittenen Grundsätzen, dass Krankheitsursachen möglichst frühzeitig erkannt und so früh wie möglich geeignete Maßnahmen ergriffen werden sollen. Der Zeitpunkt für medizinische und berufliche Maßnahmen spielt bei Arbeitsunfähigkeit eine entscheidende Rolle bei der erfolgreichen Wiederaufnahme der Arbeit. Diese betriebliche Verpflichtung zu einem wirksamen Gesundheitsmanagement sollte nicht folgenlos bleiben. Denkbar ist, dass eine krankheitsbedingte Kündigung erst bei Erfolglosigkeit der zur Verfügung stehenden betrieblichen Interventionsmöglichkeiten oder einer gewissen Zeit nach Beginn geeigneter Maßnahmen eröffnet wird. In den Niederlanden z.B. ist es verboten, krank gemeldete Arbeitnehmer während der ersten beiden Jahre nach Beginn einer Krankheit oder Arbeitsunfähigkeit zu entlassen. Der Schutz des Arbeitsplatzes sowie ein System angemessener betrieblicher Unterstützung wirkt sich gleichfalls positiv auf die Wiederaufnahme der Arbeit aus. In den Niederlanden müssen die Arbeitgeber über den Kündigungsschutz hinaus über formale Regelungen zur Krankheitsvorbeugung und zu Absenzen verfügen und sind verantwortlich dafür, Wiedereingliederungspläne für arbeitsunfähige Arbeitskräfte zu entwerfen und im Rahmen ihrer Möglichkeiten alles zu tun, um sie wieder in den Betrieb einzugliedern. Dabei kommt es aus gewerkschaftlicher Sicht darauf an, dem Einzelnen eine weitgehend sanktionsfreie Mitwirkung zu eröffnen. Beteiligungsorientierte betriebliche Gesundheits- oder Integrationsausschüsse könnten ausgebaut werden, die den Abschluss von Präventions- oder Integrationsvereinbarungen mit Mindeststandards betrieblich durchsetzen können. Die Betriebsärzte und Sicherheitsingenieure sollten in diesem Prozess stärker einbezogen und nach dem Arbeitssicherheitsgesetz mehr darauf orientiert werden, Präventionsmaßnahmen zur langfristigen Senkung des Krankenstandes und geeigneter individueller arbeitsplatzbezogener Anpassungsmaßnahmen zu ergreifen.

Zudem sollte eine frühzeitige Kommunikation zwischen den betriebs- und arbeitsmedizinischen Diensten und den Rehabilitationsträgern sichergestellt werden. Schließlich sollte über die rechtliche Einzelfallberatung von Schwerbehinderten und Rehabilitanden hinaus die Beratung insbesondere für Klein- und Mittelbetriebe zu den betrieblichen Präventionsmaßnahmen ausgebaut werden, mit dem Ziel, krankheitsbedingte Kündigungen möglichst zu vermeiden.

Eine noch effizientere Gestaltung der vielschichtigen und komplexen Rehabilitationsmaßnahmen sollte gleichfalls angegangen werden. Die unzureichende Kooperation und unterschiedliche Bewertung der beteiligten Akteure kann längst nicht immer sicherstellen, dass die Rehabilitationsangebote die Betroffenen frühzeitig und zielgerecht erreichen. So kann z.B. eine rehabilitationsmedizinische Unterversorgung älterer Personen nicht ausgeschlossen werden, da Rehabilitationsmaßnahmen gleichfalls auf die Wiedereingliederung abzielen. Bei der herrschenden Arbeitsmarktlage sind die Reintegrationschancen Älterer bekanntlich sehr schlecht.

Bei der beruflichen Reha sollte möglichst eine koordinierte Leistungserbringung aus einer Hand – vorrangig über die Arbeitsämter – angestrebt werden, bei gleichzeitiger Erstattungspflicht der anderen Träger. Auch im Arbeitsförderungsrecht sollte der gesundheitspolitische Präventionsgedanke stärker verankert werden. Bisher jedenfalls schließen sich den medizinischen Untersuchungen der Arbeitsämter keine direkten sozialmedizinischen Beratungen an. Die Arbeitsämter sollten daher einen gesetzlichen Auftrag erhalten, die Gesundheitsförderung von Arbeitslosen in den Beratungs- und Vermittlungsprozess einzubeziehen. Welche Bedeutung dieser Aufgabe zukommt, zeigt der Anteil der gesundheitlich Beeinträchtigten von einem Drittel an den Arbeitslosen. Bei zwei Dritteln der gesundheitlichen Einschränkungen erschwert dies eine berufliche Tätigkeit.

Positive Anregungen zum Ausbau der Erstattungspflicht des Arbeitslosengeldes der Arbeitgeber und zur Verbesserung der Wiedereingliederungschancen können auch aus Österreich gewonnen werden. Bei betrieblich motivierten Entlassungen wurde hier ein betrieblicher Arbeitsmarktbeitrag eingeführt, wenn die Entlassungen zu anschließender Arbeitslosigkeit führen. Dieser betriebliche Beitrag sollte dann entfallen, wenn zuvor betriebliche Transfermaßnahmen durchgeführt worden sind. Mit dem resultierenden Beitragsaufkommen könnten betriebliche Qualifizierungs- und Transfermaßnahmen für Ältere gezielt gefördert werden. In Österreich greift die betriebliche Abgabe bereits bei Entlassung von 50jährigen und Älteren und steigt mit dem Alter. Diese Beitragspflicht besteht grundsätzlich für jeden Auflösungsfall, es sei denn, der Arbeitnehmer ist auf eigene Initiative, eigenes Verschulden oder aus gesundheitlichen Gründen ausgeschieden.

Die von den Parteien angestrebte Deregulierung des Kündigungsschutzes fördert aber keinesfalls die Rehabilitationsmöglichkeiten und Wiedereingliederungschancen von gesundheitlich angeschlagenen Arbeitskräften. Vielmehr greifen Arbeitgeber in Ländern wie den Vereinigten Staaten oder Dänemark, wo sie das Recht haben, Arbeitnehmer nach einer relativ kurzen Zeit zu entlassen, häufig auch zu diesem Mittel. Die Möglichkeiten von kranken Arbeitnehmern, je wieder eine Arbeit aufzunehmen, werden dadurch negativ beeinflusst.

Die Privatisierung des Krankengeldes weist gleichfalls in die falsche Richtung, zumal Arbeitnehmer bei Erkrankung kaum Einfluss auf die Dauer der Arbeitsunfähigkeit haben. In den Niederlanden wurden hingegen in den 1990er Jahren Finanzlasten vom öffentlichen Sektor auf die Arbeitgeber verlagert, sodass ihnen eine weit größere Verantwortung bei der Finanzierung gesundheitspolitischer Aufgaben zukommt. Sie bezahlen über unsere Unfallversicherung und die Lohnfortzahlung hinaus in weit stärkerem Maße die Leistungen für die kranken und verletzten Arbeitnehmer. Dies begünstigt gleichfalls das betriebliche Interesse am Aufbau eines die Wiedereingliederung unterstützenden Systems betrieblicher Maßnahmen.

10. Schlussbemerkung

Der demographische Wandel ist zweifelsohne ein nicht umkehrbarer Prozess, der uns vor neue gesellschaftliche und soziale Herausforderungen stellt. Er führt aber keinesfalls nur zu Belastungen des Sozialstaates, sondern eröffnet neue Lebenschancen und Gestaltungsmöglichkeiten zur Verbesserung der Arbeitswelt. Allerdings setzt dies einen Kurswechsel voraus, weg von einer kurzatmigen betriebswirtschaftlichen Perspektive und kurzfristiger Leistungsmaximierung hin zu einer langfristigen Sicherung von Leistungsfähigkeit und Gesundheit.

So wird eine Umkehr hin zu einer längeren Erwerbstätigkeit nur gelingen, wenn die betrieblichen Arbeitsbedingungen wieder stärker in den Mittelpunkt rücken. Eine längere Erwerbstätigkeit wird zwar von vielfältigen ökonomischen, sozialen und psychischen Faktoren beeinflusst, doch kommt dem Betrieb dabei ein ganz besonderes Gewicht zu. Der Betrieb muss dabei als Ganzes gesehen und Aspekte der Qualifikation sowie gesundheitspolitische und soziale Aspekte der Arbeitswelt gleichermaßen einbezogen werden.

Eine alternsgerechte Gestaltung der Arbeitswelt ist weit mehr als der Ausbau kompensatorischer Maßnahmen für ältere Arbeitnehmerinnen und Arbeitnehmer. Wirksame Konzepte setzen nicht nur bei den Älteren an, die bereits von Leistungseinschränkungen betroffen sind, sondern beginnen weit früher. So früh wie möglich sollte einer drohenden Verschlechterung entgegenzuwirken versucht werden. Eine altersgerechte Arbeitspolitik zielt damit auch auf die jüngeren Arbeitskräfte und sucht Möglichkeiten für alle Altersgruppen, um ihre Gesundheit, Qualifikation und Motivation möglichst bis zur Rente zu gewährleisten und zu fördern. Nur dann, wenn wir die Chancen zur Humanisierung der Arbeitswelt nutzen und weitgehend alle Arbeitnehmer gesund die Altersrente erreichen können, werden wir den Herausforderungen unserer älter werdenden Erwerbsbevölkerung gerecht.

Der demographische Wandel fördert dann keinesfalls den Generationenkonflikt, sondern das Miteinander der Generationen. Er kann Chancen für Alt und Jung gleichermaßen eröffnen. Rentenabschläge und Kürzungen bei der Dauer des Arbeitslosengeldes werden die weit verbreitete Externalisierung betrieblicher Risiken nicht nachhaltig einschränken.

Ursula Engelen-Kefer/
Klaus Wiesehügel/
Annelie Buntenbach/Heinz Stapf-Finé

Erwerbstätigenversicherung als gewerkschaftliche Reformoption

Problemaufriss[1]

Hat eine Sozialpolitik, die am gesellschaftspolitischen Gestaltungsauftrag festhält, noch eine Chance? Angesichts der Diskussion um die Finanzierbarkeit des Sozialstaats vor dem Hintergrund der demographischen Belastungen, der Kostensteigerungen im Gesundheitswesen und einer lang anhaltenden Arbeitslosigkeit haben Strategien des Leistungsabbaus und der Privatisierung sozialer Risiken Hochkonjunktur. Resultat solcher Strategien kann nur das Entstehen einer neuen sozialen Frage sein. Deshalb muss eine Gegenposition eingenommen werden, die auf eine Fortentwicklung der solidarischen Finanzierung der Sozialversicherungssysteme vertraut.

Eine Strategie, die davon ausgeht, man müsse die Arbeitgeberseite finanziell entlasten, um automatisch Wachstum und Beschäftigung zu generieren, ist ökonomisch kurzsichtig. Die Arbeitgeberbeiträge machen nur einen geringen Teil der betrieblichen Gesamtkosten aus. Zudem lässt sich Arbeitslosigkeit nur unzureichend Kapital- und Lohnkosten zuordnen. Aus einzelbetrieblicher Sicht sind Arbeit und Kapital nicht beliebig austauschbar. Das Einsatzverhältnis von Arbeit und Kapital ist auf mittlere Sicht technisch vorgegeben. Folglich sind die Erwartungen hoher Beschäftigungswirkungen fraglich.

Auch im internationalen Vergleich sind soziale Sicherheit, ein friedlicher Interessenausgleich zwischen den Sozialpartnern, gut ausgebildete Arbeitnehmerinnen und Arbeitnehmer und eine hohe Produktivität entscheidende Standortfaktoren. Schließlich sind An- oder Umsiedlungsentscheidungen von Unternehmen auch immer mit der Frage verbunden, ob die Region als Markt attraktiv ist. Daran sollten diejenigen denken, die den Standort Deutschland schlecht reden.

[1] Vgl. Bäcker, G. u.a.: Sozialpolitik und soziale Lage in Deutschland. Wiesbaden 2000.

Die Herausforderungen, vor denen wir stehen, benötigen sozialstaatliche Antworten. Und: Sozialpolitik allein kann nicht alles schultern. Der Abbau der Arbeitslosigkeit, Hauptverursacher hoher sozialstaatlicher Ausgaben und geringer Beitragseinnahmen, kann nur gelingen, wenn eine wachstums- und beschäftigungsorientierte Wirtschafts- und Finanzpolitik etabliert wird. Hierzu ist eine sinnvolle Balance zwischen einer zweifellos notwendigen Politik der Haushaltskonsolidierung und von Wachstumsimpulsen nötig. Wichtig ist, dass davon keine prozyklischen Wirkungen ausgehen, indem in eine Konjunkturdelle hinein noch gespart wird.

Bestandteil der gewerkschaftlichen Reformagenda ist eine stärkere Steuerfinanzierung der sozialen Sicherung. Hintergrund ist die Überlegung, dass viele Leistungen der Sozialversicherung gesellschaftspolitisch motiviert sind und nicht auf vorher geleisteten Beiträgen beruhen. Diese sollten systemadäquat auch gesamtgesellschaftlich finanziert werden, so wie es in der gesetzlichen Rentenversicherung bereits weitgehend erreicht ist. Ein weiteres, spezifisch deutsches Problem ist, dass ein Großteil der Kosten der deutschen Einheit – einer allgemeinen gesellschaftlichen Aufgabe – über die Beiträge aus der Renten- und Arbeitslosenversicherung finanziert worden ist. Der Bundeszuschuss in der gesetzlichen Rentenversicherung bietet zu diesem Punkt noch keinen adäquaten Ausgleich.

Weiterhin muss die Politik der Umfinanzierung zwischen Sozialversicherungsbereichen (so genannte Verschiebebahnhöfe) aufhören. Nötig ist eine systemgerechte Zuordnung von Finanzierungsrisiken, eine klare Zuordnung der Arbeitsmarktrisiken auf die Bundesanstalt für Arbeit und auf den Staat.

Schließlich stellt das Modell der *Erwerbstätigenversicherung* eine Reformoption dar. Dessen Bestandteile sind eine Ausweitung des versicherungspflichtigen Personenkreises, eine Anhebung der Beitragsbemessungs- und Versicherungspflichtgrenze und eine Ausweitung der Bemessungsgrundlage um andere Einkommensarten neben dem Arbeitseinkommen. Aus theoretischer Sicht ist es eine ideale Antwort auf das zugrunde liegende Problem, dass die Finanzierung der Sozialversicherung aufgrund einer rückläufigen Lohnquote, hoher Arbeitslosigkeit und eines steigenden Rentneranteils überwiegend durch wegbrechende Einnahmen gefährdet ist.

Allerdings ist die Umsetzung mit einer Reihe von Problemen verbunden. In der deutschen Debatte führt das dazu, dass gerne »Totschlagargumente« herangezogen werden, die sich auf das Verfassungsgericht oder das Europarecht berufen bzw. die praktische Umsetzbarkeit verneinen (Stichwort: Finanzamts-Lösung), um die Diskussion zu ersticken. Dennoch stellen die Gewerkschaften die Forderung nach der Umsetzung einer solchen Lösung nicht leichtfertig in den Raum, sondern diskutieren die mit der praktischen Umsetzung verbundenen Probleme in der Hoffnung, damit einen sinnvollen Beitrag zur Weiterentwicklung des Sozialstaats zu leisten.

Zunächst zur Begriffsbestimmung. »Bürgerversicherung« meint den Einbezug aller erwachsenen Bürger in die Sozialversicherung. Eine Variante davon ist die »Erwerbstätigenversicherung«, bei der die Versicherungspflicht weiterhin von einer Erwerbstätigkeit abhinge und neben den unselbständig Beschäftigten auch Selbständige und Beamte umfassen würde.

Als erstes werden die Konturen eines Modells der Erwerbstätigenversicherung, bezogen auf den Bereich der gesetzlichen Krankenversicherung, herausgearbeitet – durch die Gegenüberstellung mit dem in der Rürup-Kommission diskutierten Modell der Kopfprämien.

1. Kopfprämien und Erwerbstätigenversicherung im Vergleich

In der Diskussion um die Weiterentwicklung der Krankenversicherung werden aktuell zwei Modelle vorrangig diskutiert: die Kopfprämie und die Erwerbstätigen- bzw. Bürgerversicherung. Diese beiden Modelle sind nicht alternativlos: Sowohl die Bewahrung des Status quo, die Steuerfinanzierung des Gesundheitswesens oder ein Mischsystem (Beibehaltung des Status quo und teilweise Steuerfinanzierung; Kopfprämienmodell als Bürgerversicherung) sind weitere mögliche Entwicklungsperspektiven.

Das Finanzierungsmodell »Kopfprämien«[2] vereinheitlicht die Beitragshöhe und überträgt die Aufgabe des sozialen Ausgleichs auf das Steuersystem:

- Alle Bürger sind versicherungspflichtig, wobei die bestehende Unterscheidung in gesetzliche Krankenversicherung und private Krankenversicherung erhalten bleibt.

[2] Darstellung folgt Dr. Christhart Bork: Gutachten zur Quantifizierung der Aufkommens- und Verteilungswirkungen ausgewählter Reformansätze im Gesundheitswesen, Wiesbaden Juni 2003.

- Alle erwachsenen Versicherten müssen eine kasseneinheitliche Kopfprämie zahlen, die in den Berechnungen 210 Euro beträgt. Sie würde von Kasse zu Kasse – je nach Versicherungs- und Ausgabenstruktur – differieren.
- Der Arbeitgeberbeitrag entfällt. Dieser wird in einer an einem Stichtag festgelegten Höhe als steuerpflichtiger Lohnbestandteil fortan ausgezahlt. Dieser Lohnbestandteil wäre zudem beitragspflichtig zur gesetzlichen Renten-, Pflege- und Arbeitslosenversicherung und würde dort bei gleichbleibender Ausgabenhöhe zumindest anfangs zu niedrigeren Beitragssätzen führen. Im Bereich der Rentenversicherung würde sich dieser Beitragseffekt langfristig verringern, da den höheren beitragspflichtigen Einkommen später auch höhere Leistungen gegenüberstehen.
- Der notwendige soziale Ausgleich wird durch einen staatlichen Beitragszuschuss gewährt, wenn der Beitrag einen bestimmten Anteil des Haushaltseinkommens übersteigt. Die Finanzierung soll über Steuermittel erfolgen. Je nach Gestaltung des sozialen Ausgleichs entsteht ein Zuschussbedarf zwischen ca. 23 und 28 Milliarden Euro. Der Zuschussbedarf soll durch die Versteuerung des ehemaligen Arbeitgeberanteils gegenfinanziert werden, wobei eine Finanzierungslücke von vier bis neun Mrd. Euro entstehen würde.
- Für den sozialen Ausgleich gibt es mehrere Modelle: Das für den Staat »teurere« Modell (Ausgleichsmodell I) beseht darin, dass Haushalte dann bezuschusst werden, wenn die Kopfprämie einen Anteil am Haushaltseinkommen von 13,3% übersteigt. Das für den Staat »kostengünstigere« Modell (Ausgleichsmodell II) geht von einem gestaffelten »Eigenanteil« aus, der für Haushalte als zumutbar gelten soll: bei niedrigen Einkommen soll dieser ebenfalls 13,3% betragen, bei höheren 16%. Dabei sollen die ersten 210 Euro immer beitragsfrei bleiben.

Das Modell der Erwerbstätigenversicherung[3] zielt auf eine Vergrößerung der Summe der beitragspflichtigen Einnahmen durch folgende Veränderungen:

- Erweiterung der Bemessungsgrundlage um weitere Einkommensarten, insbesondere um bislang nicht beitragspflichtige Arbeits- und Vermögenseinkommen,

[3] Die Darstellung folgt Bork.

- Anhebung der Beitragsbemessungsgrenze auf das Niveau der gesetzlichen Rentenversicherung in Westdeutschland (zur Zeit 5.100 Euro),
- Erweiterung der Versicherungspflicht in der gesetzlichen Krankenversicherung (GKV) durch Einbeziehung von Beamten, Selbständigen, Landwirten und Sozialhilfeempfängern sowie
- Aufhebung der Versicherungspflichtgrenze.

Christhart Bork geht davon aus, dass dieses Modell aufgrund des verfassungsrechtlich gebotenen Eigentums- und Vertrauensschutzes nur stufenweise eingeführt werden könnte. Die Stufe I der Einführung der Erwerbstätigenversicherung kann die Anhebung der Beitragsbemessungsgrundlage und der Versicherungspflichtgrenze – möglicherweise auch in mehreren Jahresschritten – einschließen. Dabei kann die Versicherungspflichtgrenze wahrscheinlich aus verfassungsrechtlichen Gründen nur für Neuversicherte angehoben werden. Ein Bestandteil der Stufe I würde auch die Einbeziehung anderer Einkommen in die Versicherungspflicht sein.

In der Stufe II der Erwerbstätigenversicherung könnte die Aufhebung der Versicherungspflichtgrenze und die Einbeziehung anderer Personengruppen folgen. Das würde heißen, dass sich alle Erwerbstätigen an der solidarisch finanzierten Krankenversicherung beteiligen müssen; gleichzeitig brächte dies das Ende der privaten Krankenversicherung als Vollversicherung. Private Krankenversicherungen wären dann nur noch für Zusatzleistungen zuständig.

Die Stufen müssen allerdings nicht so streng getrennt sein, wie es im Gutachten von Bork angenommen wird. Denkbar ist auch, die Einbeziehung anderer Personenkreise parallel zu einer eventuell schrittweisen Anhebung von Versicherungspflicht- und Beitragsbemessungsgrenze (BBG) durchzusetzen.

Die Umverteilungswirkungen des Kopfprämienmodells stellen sich wie folgt dar (für Alleinstehende, wenn nicht anders aufgeführt):

In der Gesamtbetrachtung (Kopfprämien mit Ausgleichsmodell I und steuerliche Veränderungen) ergibt sich für einen Alleinstehenden eine gleichbleibende Belastung – im Vergleich zum Status quo – bis zum Einkommen von ca. 850 Euro, danach eine zunehmende Mehrbelastung bis ca. 1.300 Euro (max. 2,3% des Monatseinkommens). Bei Einkommen zwischen 1.300 und ca. 1.700 Euro ergibt sich bei Alleinstehenden eine abnehmende Mehrbelastung. Bei höheren Einkommen ergeben sich deutliche Entlastungen (von bis zu 5,3% bei ca. 3.500 Euro). Darüber nimmt die Entlastung wieder etwas ab, bleibt aber im positiven Bereich.

Bei einem Ehepaar mit einem Einkommensbezieher ergibt sich ein ähnliches Bild: Bis ca. 1.500 Euro gleiche Belastung wie im Status quo; danach zunehmende Belastung (max. ca. 2,5% bei 2.800 Euro). Allerdings sind die Entlastungen im hohen Einkommensbereich sehr gering, max. ca. 1% bei Einkommen oberhalb der Beitragsbemessungsgrenze der gesetzlichen Rentenversicherung.

Bei Familien mit Kindern bleibt es bei Mehrbelastungen im mittleren Einkommensbereich. Entlastungswirkungen gibt es nur bei Einkommen ab 40.000 Euro Jahreseinkommen (bei einer dreiköpfigen Familie) bzw. 50.000 Euro (bei einer fünfköpfigen Familie). Je kleiner der Haushalt, desto niedriger die Einkommensgrenze, ab der es zu einer Entlastung kommt (bezogen jeweils auf das Ausgleichsmodell I unter Berücksichtigung der steuerlichen Wirkung). Das Ausgleichsmodell II verändert die Entlastungs- und Belastungswirkungen in ihrer Richtung nicht, sondern nur im Grad der Wirkung.

Insgesamt muss das Urteil über die Verteilungswirkungen der Kopfprämie sehr kritisch ausfallen. Sie belastet kleine und mittlere Einkommen und entlastet Gutverdienende. Auch aus familienpolitischer Sicht sind die Wirkungen unerwünscht: Singles werden entlastet, Familien belastet.

Eine weitere Studie bestätigt diese Wirkungen des Kopfprämienmodells und zieht das Resümee:

- »Arbeitgeber werden im Vergleich zu Arbeitnehmern in der Tendenz entlastet.
- Bezieher höherer Einkommen werden entlastet und Bezieher niedriger Einkommen belastet.
- Will man die negativen Effekte erfolgreich konterkarieren, so bleiben unter erheblichen zusätzlichen Verwaltungskosten im Endeffekt ähnliche Belastungen und Probleme wie im bestehenden System.«[4]

Ein wesentlicher Vorteil des Kopfprämienmodells wäre, dass die private Krankenversicherung deutliche Wettbewerbsvorteile verlieren würde. Die gesetzliche Krankenversicherung wäre bei den angenommenen, durchschnittlich notwendigen Kopfprämien gerade für junge Alleinstehende sehr attraktiv. Dieser Vorteil existiert allerdings auch bei dem Modell der Erwerbstätigen- bzw. Bürgerversicherung. Bei Letzterem würden aber

[4] Anita B. Pfaff, Martin Pfaff, Axel Olaf Kern, Bernhard Langer: Auswirkungen verschiedener Modellvarianten von Kopfpauschalen auf die Finanzierung von Krankenversicherungsleistungen in Deutschland, Augsburg-Stadtbergen, April 2003.

die kritikwürdigen Verteilungswirkungen (»von unten nach oben«) verhindert.

Folgende weitere Kritikpunkte bestehen am Kopfprämienmodell:

- Kopfpauschalen sind im Vergleich zum bisherigen Beitragsverfahren keinesfalls demographieresistenter. Auch hier führen steigende demographische Lasten zu höheren Beiträgen, die aufgrund der degressiven Wirkung der Kopfprämien Klein- und Mittelverdiener stets stärker treffen werden und zu steigendem Zuschussbedarf durch den Staat führen.
- Pauschalprämienmodelle sind nicht unabhängig von der Arbeitsmarktentwicklung. Der Zuschussbedarf durch den Staat wird bei hoher Arbeitslosigkeit tendenziell steigen.
- Durch die Aufhebung der paritätischen Finanzierung werden Unternehmen weitgehend aus ihrer Verantwortung entlassen. Dies vermindert erheblich die vorhandenen Anreize für eine gesundheitsgerechte Gestaltung der Arbeitsplätze. Die Unternehmen übertragen bereits heute enorme Kosten arbeitsbedingter Erkrankungen auf die GKV – mindestens 15 Milliarden Euro jährlich.
- Im Wettbewerb der Krankenkassen sind weitere Verzerrungen zu befürchten. Der durch gute Risikostrukturen bedingte Wettbewerbsvorteil für einige Kassen würde zementiert.[5]
- »Vor allem aber lenkt die Diskussion über die Finanzierung durch Kopfprämien von den wirklichen Problemen und Herausforderungen im Gesundheitswesen ab, die auf der Leistungsseite und nicht auf der Finanzierungsseite liegen. Vor diesem Hintergrund ist eine Konzentration der öffentlichen Aufmerksamkeit auf eine wettbewerbliche Weiterentwicklung der GKV mit dem Ziel der Erhöhung von Qualität, Effektivität und Effizienz der Versorgung anstelle einer Debatte über Kopfprämien zu fordern.«[6]
- Aus diesen Gründen ist das Kopfprämienmodell abzulehnen. Die Finanzierung gemäß der wirtschaftlichen Leistungsfähigkeit ist das gerechtere Prinzip. Die Finanzierung wird nicht auf eine breitere Grundlage gestellt, deshalb fehlt dem Vorschlag die Eigenschaft der ökonomischen und finanziellen Nachhaltigkeit. Angesichts gewandelter gesellschaftlicher und wirtschaftlicher Bedingungen muss jedoch die

---

[5] Vgl. Werner Schneider: Kopfprämien zur Kassenfinanzierung. Ein Rückschritt für Familien, in: Gesundheit und Gesellschaft, 2/2003, S. 42-48.

[6] Jürgen Wasem, Stefan Greß: Kopfprämien in der Gesetzlichen Krankenversicherung. Eine Perspektive für die Zukunft?, Essen/Bremen, Mai 2003.

Weiterentwicklung der etablierten Strukturen im Sinne einer Stärkung des solidarischen Systems erfolgen.

Die Verteilungswirkungen der Erwerbstätigenversicherung gestalten sich weniger dramatisch. Insgesamt verhalten sich die Wirkungen quasi spiegelverkehrt zur Kopfprämie. Bis zu einem Jahreseinkommen von ca. 50.000 Euro kommt es zu Entlastungen, die aber nur ca. 0,1% des verfügbaren Einkommens betragen, wenn nur die Stufe I eingeführt wird. Bei Umsetzung auch der Stufe II kommt es zu stärkeren Entlastungen von bis zu 0,5% des Einkommens. Allerdings muss gesagt werden, dass die Arbeitseinkommen stärker entlastet werden, da sie wegen der Einbeziehung anderer Einkommen einen geringeren Beitrag zur Finanzierung des Gesundheitssystems beitragen müssen. Oberhalb der Grenze von ca. 50.000 Euro (in etwa in Höhe der bisherigen Beitragsbemessungsgrenze) kommt es wegen der deutlichen Anhebung der BBG und der Einbeziehung anderer Einkommen zu spürbaren Mehrbelastungen: Bei Einführung der Stufe I um bis zu 1% des verfügbaren Einkommens. Wird auch die Stufe II umgesetzt, steigt das stark an auf bis zu 2,4% des Einkommens – diese hohe Grenzbelastung liegt an der Einbeziehung von Beamten und Selbständigen, die bislang von den günstigeren Beiträgen in der privaten Krankenversicherung profitiert haben. Sowohl bei Stufe I als auch Stufe II nimmt ab einem Jahreseinkommen von etwa 100.000 Euro die prozentuale Mehrbelastung wieder ab, wenn es weiterhin eine Beitragsbemessungsgrenze – wenn auch auf deutlich höherem Niveau – gibt.

Differenziert nach sozialer Stellung ergeben sich signifikante Verteilungsveränderungen, wenn die Stufe II eingeführt würde: Selbständige, Beamte und Pensionäre würden im Vergleich zum Status quo deutlich belastet, und zwar bereits ab relativ niedrigen Einkommen.

Die Erwerbstätigenversicherung ist »blind« gegenüber dem Familienstand. Es zeigt sich, dass Familien wie Alleinstehende ab einem Einkommen von ca. 45.000 Euro stärker belastet werden, und zwar sowohl bei Stufe I als auch bei Stufe II. Einpersonenhaushalte sind aber stets besonders stark belastet. Grundsätzlich werden jedoch in der Verteilungswirkung der Erwerbstätigenversicherung Familien nicht besser gestellt als Alleinstehende.

Die Verteilungswirkungen der Erwerbstätigenversicherung sind in der Tat spiegelverkehrt zum Kopfprämienmodell: Während Familien mit geringen Einkommen bei der Erwerbstätigenversicherung entlastet (wenn auch nur geringfügig) und Familien mit hohen Einkommen belastet werden (zum Teil relativ deutlich), verhält es sich bei den Kopfprämien umgekehrt.

Schließlich wäre die Einführung der Erwerbstätigenversicherung ohne einen grundlegenden Systemwechsel in der Finanzierung möglich, stellt sie doch die konsequente Weiterentwicklung des Solidarprinzips dar.

2. Welche Auswirkungen hat die Erwerbstätigenversicherung auf die Senkung der Beitragssätze in der gesetzlichen Krankenversicherung?

Die als Alternative zu pauschalen Gesundheitsprämien (Kopfpauschalen) diskutierte Weiterentwicklung der Beitragsfinanzierung in der gesetzlichen Krankenversicherung zu einer Erwerbstätigen- bzw. Bürgerversicherung hätte eine entlastende Wirkung auf den Beitragssatz.[7] Die quantitativen Auswirkungen sind im Rahmen eines Gutachtens berechnet worden, das die »Kommission zur Nachhaltigkeit in der Finanzierung der Sozialen Sicherungssysteme« in Auftrag gegeben hat.[8] Danach führen die Maßnahmen der Stufe I zu einer Senkung des durchschnittlichen Beitragssatzes in der GKV von derzeit 14,4% auf 13,1%, also um 1,3 Beitragssatzpunkte.[9] Die Erhöhung der Beitragsbemessungsgrundlage hat daran einen Anteil von 0,8%-Punkten. Die Einbeziehung weiterer Einkunftsarten macht daran einen Anteil von 0,5%-Punkten aus. Durch die Erweiterung des versicherten Personenkreises in der Stufe II kann der durchschnittliche Beitragssatz um weitere 0,7%-Punkte gesenkt werden. Diese Berechnung berücksichtigt allerdings noch nicht die Ergebnisse neuerer Untersuchungen, nach denen derzeit privat Versicherte niedrigere Leistungsausgaben verursachen als gesetzlich Versicherte. Diese Einsparungen, die sich wiederum positiv auf den Beitragssatz auswirken, müssten noch eingerechnet werden. Da bei der Einführung einer Bürgerversicherung von einem Bestandsschutz für privat Versicherte auszugehen ist, wird dieser Effekt erst langfristig Wirkung zeigen.

In der Verteilung der Belastungen und Entlastungen zeigt sich, dass Haushalte (Ein- und Mehr-Personen-Haushalte) bis zu einem Bruttojah-

---

[7] Das Modell ist dem Vorschlag von Prof.Dr. Lauterbach entnommen. Bericht der Kommission zur Nachhaltigkeit in der Finanzierung der Sozialen Sicherungssysteme: Kapitel 4: Reformvorschläge im Bereich der gesetzlichen Krankenversicherung, 4.3.1 Bürgerversicherung, unveröffentlicht.

[8] Vgl. Bork, Christhart, a.a.O.

[9] Eine Übersicht über bisherige Studien zu diesem Thema gibt: ver.di-Bundesvorstand: Ökonomische Rahmenbedingungen und Finanzierungsalternativen der gesetzlichen Krankenversicherung, Berlin, o.J.

reseinkommen von jährlich 35.000 Euro entlastet würden. Drei- und Vier-Personenhaushalte würden darüber hinaus bis zu einem Bruttojahreseinkommen von 50.000 Euro entlastet.

Beispielrechnungen[10]

Monatliche Ent- bzw. Belastung für Arbeitnehmer in Stufe I

Monatsbruttolohn	2.500	3.450	5.100
GKV 14,4%	180	248	248
GKV 13,1%	164	226	334
Ent-/Belastung	-16	-22	+86

Die Beispielrechnung zeigt, dass alle Einkommen bis zur aktuellen Beitragsbemessungsgrenze von 3.450 Euro entlastet werden. Alle darüber liegenden Einkommen werden bis zur neuen Beitragsbemessungsgrenze mit maximal 86 Euro pro Monat mehr belastet. Berechnungen, die die weitere Belastung durch die Einbeziehung anderer Einkommensarten in ihrer Verteilungswirkung auf die verschiedenen Einkommensgruppen darstellen, machen zum aktuellen Zeitpunkt wenig Sinn, da genaues Datenmaterial nicht vorliegt. Rechnet man das Gesamtvolumen von fünf Milliarden Euro zusätzlicher Einkünfte aus der Einbeziehung anderer Einkommens- und Vermögensarten auf die Anzahl der Mitglieder der GKV im Jahre 2000 um, so ergibt sich rechnerisch ein Betrag von 9,80 Euro im Monat, mit dem die GKV-Mitglieder zusätzlich zu ihrem GKV-Beitrag im Durchschnitt belastet würden.

Monatliche Ent- bzw. Belastung für Arbeitnehmer in Stufe II

Monatsbruttolohn	2.500	3.450	5.100
GKV 14,4%	180	248	248
GKV 12,4%	155	214	316
Ent-/Belastung	-25	-34	+68

[10] Eigene Berechnung, Angaben in Euro.

3. Sind unterschiedliche Stufen der Erwerbstätigenversicherung hinsichtlich der Erhöhung der Beitragsbemessungsgrenze möglich und – wenn ja – welche?

Die bisher skizzierte Anordnung der Stufen der Einführung entspricht dem Weg, den Karl Lauterbach im Rahmen der Rürup-Kommission vorschlägt. Jedoch hat die Anhebung der Beitragsbemessungsgrenze im Rahmen des Beitragssatzsicherungsgesetzes gezeigt, dass sie psychologisch nachteilig ist, wenn sie nicht gleichzeitig von einer Senkung des Beitragssatzes begleitet wird. Zudem steht nicht die Gewinnung neuer finanzieller Ressourcen im Vordergrund, sondern die Ausweitung des Prinzips der solidarischen Finanzierung. Deshalb sollte folgende Reihenfolge der Stufen überlegt werden:

1. Stufe: Einbezug weiterer Personengruppen (Beamte, Selbständige, Sozialhilfeempfänger) in die Beitragspflicht.

2. Stufe: Anhebung der Beitragsbemessungsgrenze und Einbezug aller Einkommensarten in die Beitragspflicht.

Wesentliche Voraussetzung ist, dass die Ausgabenentwicklung weiterhin im Blickfeld bleibt, damit nicht mehr Geld in ineffiziente Systeme fließt. Zudem ist es ratsam, insbesondere die Anhebung der Beitragsbemessungsgrenze über mehrere Jahre hin zu strecken, um die Wirkung der starken Grenzbelastung abzumildern.

Die Maßnahme hätte Auswirkungen auf den Staatshaushalt in folgender Hinsicht:

- Die Beihilfe für die Krankenversicherung der Beamten würde durch die Zahlung von Beiträgen ersetzt.
- Sozialversicherungsbeiträge sind von der Einkommensteuer teilweise absetzbar (Sonderausgabenabzug). Würde dieser Sonderausgabenabzug erhöht, würde sich das Volumen der freigestellten Einkommen durch die Ausweitung der Beitragsbemessungsgrenze und den Einbezug weiterer Personenkreise erhöhen. Dies würde das Steueraufkommen verringern.
- Es müssten von der öffentlichen Hand gleichzeitig die Pensionen und die Beiträge für neu hinzutretende Beamte finanziert werden.

Insbesondere in der gesetzlichen Rentenversicherung ist eine Reform in Richtung Erwerbstätigenversicherung dringend nötig. Durch die Leistungsabsenkungen in den letzten Jahren und die jetzt geplanten weiteren Einschnitte wird die Zahl derer wachsen, deren Rente auf oder unter dem Sozialhilfeniveau liegen wird. In der Tat gibt es im Moment in Deutschland das größte Armutsproblem – im Unterschied zu Großbritannien –

nicht im Alter, sondern bei Kindern und Alleinerziehenden. Wir sind jetzt dabei, das zu ändern, leider nicht zum Positiven, sondern durch die Inkaufnahme eines absehbaren Anstiegs der Altersarmut.

Die Absenkung der Leistungen hat einen erheblichen Verlust an Legitimation für die Rentenversicherung zur Folge – warum sollte jemand, der eine existenzsichernde Rente kaum mehr erreichen kann, sein Leben lang in das Versicherungssystem einzahlen, falls er oder sie es vermeiden kann? Die verschiedenen, zum Teil öffentlich geförderten und politisch gewollten Formen von prekärer Beschäftigung zwischen Ich-AGs und Mini-Jobs bis zu Werkverträgen und Freischaffenden eröffnen hier eine Reihe von Ausstiegsmöglichkeiten. Sie zu nutzen, ist keineswegs immer eine freiwillige Entscheidung, sondern viele Arbeitgeber, die die Sozialversicherungsbeiträge nicht zahlen wollen, helfen hier mit Druck bis hin zur Erpressung nach. Der Strom von Besserverdienenden, die sich aus den so genannten Zwangssystemen der gesetzlichen Sozialversicherung – auch der Rentenversicherung – absetzen, wird schon seit Jahren immer breiter.

In der gesetzlichen Krankenversicherung und der Pflegeversicherung spielen Lohnersatzleistungen nur eine untergeordnete Rolle. Insofern bedarf es in diesen Systemen nicht der Anwendung des Prinzips der Äquivalenz von Beiträgen und Leistungen. Daher ist die Anwendung beider Stufen des Modells der Erwerbstätigenversicherung denkbar. Nicht jedoch bei der gesetzlichen Rentenversicherung. Dort spielt die Anwendung des Äquivalenzprinzips eine entscheidende Rolle im Hinblick auf die Akzeptanz des Systems. Zudem führen höhere Beiträge in der gesetzlichen Rentenversicherung zu einem späteren Zeitpunkt zu höheren Leistungen, führen also zu keinem dauerhaften Entlastungseffekt. Daher sollte hier nur die erste Stufe, die Ausweitung des einbezogenen Personenkreises weiter verfolgt werden.

Der Zeitpunkt des Einbezugs weiterer Personenkreise in die gesetzliche Rentenversicherung wäre sinnvoller so zu wählen, dass er zum Zeitpunkt der größten demographischen Belastung (etwa ab 2020) erfolgt, um deren Auswirkungen abzumildern.

In dieser Frage vertritt die IG BAU eine andere Auffassung: Neben dem Einbezug anderer Einkommensarten wird hier die Aufhebung der Beitragsbemessungsgrenze für notwendig gehalten. Für die Legitimation der Rentenversicherung ist nicht das Äquivalenzprinzip in seiner starren deutschen 1:1 Fassung ausschlaggebend, sondern die Frage, ob für diejenigen, die lange Jahre in die Versicherung einzahlen, ausreichende Renten zu erwarten sind, die wirklich oberhalb des Sozialhilfeniveaus liegen. Dafür ist ein Einbezug von Besserverdienenden und anderen Einkommensarten auch und gerade in die Rentenversicherung notwendig.

Wenn dies kein Nullsummenspiel werden soll, weil den höheren Einzahlungen später auch in gleicher Höhe Ansprüche gegenüberstehen würden, muss die Ausgestaltung des Äquivalenzprinzips zur Diskussion gestellt werden. Die Schweizer Lösung, hohe Renten zu kappen, scheint schwerlich mit unserer Verfassung vereinbar zu sein. Wenn aber – wie das Verfassungsgericht vorschreibt – aus höheren Einzahlungen auch höhere Ansprüche entstehen sollen, kann dennoch politisch entschieden werden, in welchem Verhältnis Einzahlung und Anspruch stehen sollen. Unser Vorschlag: je höher die Einzahlung, desto geringer der zusätzliche Vorteil (vgl. Minderheitenvotum).

Bei Aufhebung der Beitragsbemessungsgrenze würde ein Einbezug anderer Einkommensarten alle, auch Besserverdienende, je nach Leistungsfähigkeit in die Pflicht nehmen. Damit könnten die gerade im gewerkschaftlichen Bereich befürchteten Verteilungsprobleme (dass durch die Heranziehung anderer Einkommen nur diejenigen unterhalb der Beitragsbemessungsgrenze zusätzlich belastet würden) vermieden werden.

4. Sind Freibeträge für die Einbeziehung anderer Einkommensarten nötig und – wenn ja – in welcher Höhe?

Bisher sind bei Arbeitnehmern nur die Löhne und Gehälter und bei Rentnern die Renten beitragspflichtig. Andere Einkommensarten, die in den letzten Jahren an Bedeutung gewonnen haben, bleiben verschont.

Dies wirft in der gesetzlichen Krankenversicherung und der gesetzlichen Pflegeversicherung, in denen Einkommensersatzleistungen nur eine untergeordnete Rolle spielen, zunehmende Gerechtigkeits-, aber auch Finanzierungsprobleme auf, denn die Finanzierung beruht auf einer rückläufigen Bemessungsbasis. Eine Einbeziehung anderer Einkommensarten hätte auch den Effekt, dass der Anreiz zur Ausweitung von Scheinselbständigkeit abgebaut werden würde.

Das Bundesverfassungsgericht (Beschluss vom 15. März 2000 – 1 BvL 16/96) hatte zudem gefordert, pflicht- und freiwillig versicherte Rentner in der GKV gleich zu behandeln. Bedauerlicherweise hat die Bundesregierung diese Aufforderung dadurch umgesetzt, dass nur noch die Renteneinkommen beitragspflichtig sind, wie bisher bei den pflichtversicherten Rentnern. Die Vorgaben des Verfassungsgerichts hätten auch das Einbeziehen anderer Einkommensarten ermöglicht. Diese Maßnahme hätte eine Beitragssenkung erlaubt, die der Mehrzahl auch der Rentner zugute gekommen wäre.

Dass der Beitragseinzug auf andere Einkommensarten technisch machbar ist, zeigt die bisherige Beitragserhebung bei freiwillig versicherten Rentnern.[11]

Prinzipiell könnte die Beitragsbemessung auf alle Einkommensarten ausgedehnt werden, die der Einkommensbesteuerung unterliegen. Hierzu zählen Einkünfte aus Land- und Forstwirtschaft, Gewerbebetrieb, selbständiger Arbeit, nichtselbständiger Arbeit, Kapitalvermögen, Vermietung und Verpachtung sowie sonstige Einkünfte.[12]

Die Einführung einer Beitragsbemessung auf andere Einkommensarten (Einkommen aus Vermietung, Verpachtung und Vermögen) wirft ein verteilungspolitisches Problem auf. Dadurch würden diejenigen Bezieher solcher Einkommen überproportional belastet, die Erwerbseinkommen unterhalb der Beitragsbemessungsgrenze beziehen. Bezieher höherer Einkommen würden dagegen nicht belastet.

Um das Problem zu lösen, könnten für die nicht aus Erwerbsarbeit resultierenden Einkommen (Miet- und Zinseinnahmen) besondere Freibeträge vorgesehen werden (ähnlich wie bisher schon im Steuerrecht). Die Freibetragsregelung müsste so ausgestaltet sein, dass eine Vorsorge für Alter, Pflegebedürftigkeit und die Ausbildung der Kinder möglich wird.

Die Einführung unterschiedlicher Beitragsbemessungsgrenzen für die unterschiedlichen Einkommensarten würde zur Ungleichbehandlung verschiedener Einkommensarten führen. Der Gleichbehandlungsgrundsatz erfordert, dass alle Einkommen mit demselben Gewicht in die Beitragsbemessung eingehen. Insofern ist eine einheitliche Beitragsbemessungsgrenze für alle Einkommen zusammen die sinnvollste Lösung.

---

[11] Zu damit verbundenen rechtlichen Fragen vgl. Gerhard Knorr: Die Krankenversicherung der Rentner nach der Entscheidung des Bundesverfassungsgerichts, in: NZS 8/2002, S. 393-399.

[12] Vgl. Sachverständigenrat für die Konzertierte Aktion im Gesundheitswesen: Gesundheitswesen in Deutschland – Kostenfaktor und Zukunftsbranche, Sondergutachten 1997, S. 291-293.

5. Welche Auswirkungen/Folgen ergeben sich für die Selbstverwaltung?

Mit Beamten und Selbständigen (und im Falle einer umfassenden Bürgerversicherung auch Haus- und KapitaleignerInnen) wären neue Personengruppen in die Selbstverwaltungsgremien zu integrieren. Für BfA und Landesversicherungsanstalten sowie für die Primärkassen, die in der Regel Sitzteilung in Vertreterversammlung oder Verwaltungsrat zwischen Arbeitgeber- und VersichertenvertreterInnen kennen, könnte dies folgendermaßen gelöst werden:

Beamte wählen und sind wählbar als Versicherte. Die öffentlichen Arbeitgeber werden Teil der Arbeitgeberbank. Selbständige – zumal, wenn sie vorher abhängig beschäftigt waren – können bei Eintritt wählen, ob sie sich der Versicherten- (A) oder der Arbeitgeberbank (B) zuordnen möchten. Für letzteren Fall muss eine vernünftige Lösung für die Gewichtung gefunden werden.

Haus- und KapitaleignerInnen, genauer: alle, die überwiegend aus Hausvermietung oder Kapitalerträgen ihren Lebensunterhalt bestreiten, sind eine zahlenmäßig nicht zu große Gruppe. Unter den Tisch fallen können sie (schon aus verfassungsrechtlichen Gründen) nicht. Es ist aber schwer vorstellbar, dass sie aktiv und passiv an den Wahlen als Versichertenvertreter teilnehmen. Am ehesten wären sie wie die Selbständigen in Alternative B zu behandeln.

Die Parität bleibt im Grundsatz (bezogen auf das Lohneinkommen) erhalten, allerdings mit weniger scharfen Konturen, insbesondere kann die Arbeitnehmereigenschaft der Versichertenvertreter in der heutigen Form nicht aufrechterhalten werden.

6. Welche verfassungsrechtlichen Probleme sind zu erwarten?

Es sind im Zusammenhang mit der möglichen Einführung einer Erwerbstätigenversicherung eine Reihe verfassungsrechtlicher Vorgaben zu berücksichtigen. Aus Gründen des Vertrauensschutzes müssten lange Übergangsregelungen vorgesehen werden. Bislang privat Krankenversicherten müsste die Möglichkeit eingeräumt werden, im Falle des Eintretens einer Versicherungspflicht in der GKV durch die Anhebung der Versicherungspflichtgrenze, zu wählen, ob sie in der privaten Krankenversicherung bleiben oder in die GKV wechseln wollen.

Zudem müsste gewährleistet sein, dass für Beamte die nach den alten Regelungen erworbenen Ansprüche angemessene Berücksichtigung finden. Für Beamte, die nach den Regeln der Erwerbstätigenversicherung versichert wären, würde nach wie vor das Alimentationsprinzip gelten, aber in einer anderen Ausgestaltung als bisher. Die Art der Gestaltung ist verfassungsrechtlich nicht geschützt.

Aus Gründen des Überlastverbots wäre die sofortige Anhebung der Beitragsbemessungsgrenze problematisch. Auch hierzu ist die Einführung in Stufen empfehlenswert.

Im Zusammenhang mit der Diskussion um die potenzielle Einführung einer Erwerbstätigenversicherung wird immer wieder die Frage aufgeworfen, ob diese Maßnahme verfassungsrechtlich zulässig sei, da damit die Existenzgrundlage der privaten Krankenversicherung bzw. berufsständischer Versorgungswerke in Frage gestellt werde. Um dieses Problem zu lösen, wären ebenfalls lange Übergangsfristen nötig. Sofern diese eingehalten werden, gibt es keine verfassungsrechtliche Begründung, warum der Gesetzgeber den privaten Versicherungen ein Geschäftsfeld in der Vollversicherung bewahren muss.

Schließlich werden auch häufig europarechtliche Probleme angeführt, die einem Übergang zur Erwerbstätigenversicherung entgegenstehen sollen. Bei genauerem Hinsehen ist zu erkennen, dass es innerhalb der EU eine private Krankenversicherung als Vollversicherung nur noch in den Niederlanden gibt. Europarecht kann an dieser Stelle ohnehin nur im Zuge des freien Dienstleistungsverkehrs den Zugang von Versicherungsfirmen zu den nationalen Systemen regeln. Die Existenz bestimmter Geschäftsfelder für private Versicherungsfirmen ist jedoch auch europarechtlich nicht geschützt.

Das Prinzip der Äquivalenz von Beiträgen und Leistungen, das auf dem Eigentumsschutz des Grundgesetzes beruht, ist insbesondere bei den Geldleistungen des Rentenversicherungssystems anzuwenden. Daher wäre die Ausweitung der Finanzierungsbasis der gesetzlichen Rentenversicherung um weitere Einkommensarten mit größeren Problemen behaftet als in der GKV.

Wir sind uns bewusst, dass noch nicht alle Fragen im Zusammenhang mit der möglichen Einführung einer Erwerbstätigenversicherung abschließend beantwortet sind. Wir wollten dennoch einen hilfreichen Beitrag zu der gesellschaftlichen Debatte leisten, die wir als Gewerkschafter weiterhin konstruktiv begleiten werden.

Wolfgang Scheremet

Belastung mit Steuern und Sozialversicherungsbeiträgen im internationalen Vergleich

Mit einer Abgabenquote (Steuern und Sozialversicherungsbeiträge insgesamt in Relation zum nominalen Bruttoinlandsprodukt) von 41,5% im Jahr 2001 steht Deutschland in einem internationalen Vergleich nicht an der Spitze der Abgabenbelastung (siehe dazu die Tabelle auf den Seiten 122 und 123).

Von elf betrachteten Ländern liegt Deutschland an 7. Stelle. Die höchste Abgabenquote verzeichnet Schweden mit 54,3%, im Mittelfeld liegen Frankreich und Italien mit 46,0% bzw. 42,5%. Die niedrigsten Abgabenquoten haben die USA mit 29,8% und Japan mit 27,6%.

Ein direkter internationaler Vergleich ist allerdings mit großen Problemen behaftet. So resultiert die niedrigere Quote in den USA auch daraus, dass die Sozialen Sicherungssysteme anders organisiert sind. Während beispielsweise das Gesundheitswesen in Deutschland überwiegend Bestandteil des öffentlichen Sektors ist, ist es in den USA im Kern im privaten Unternehmenssektor angesiedelt. Ähnliches gilt für die Rentenversicherung. Wenn man also Deutschland und die USA vergleicht, müsste man eigentlich die Kosten des Gesundheitssystems zu der Abgabenquote hinzuziehen. Die Ausgaben für Gesundheitsdienstleistungen beliefen sich in den USA im Jahr 2000 auf 13% des BIP. Sie werden durch Beiträge der Unternehmen finanziert. Wenn man also die Kosten des Gesundheitssystems zur Abgabenquote hinzurechnet, liegen die USA in ähnlicher Größenordnung wie Deutschland.

Die Entwicklung der gesamten Abgabenquote ist in Deutschland im Verlauf der vergangenen 20 Jahre mit rund 41,5% weitgehend konstant geblieben. Lediglich im Jahr 1990 war die Abgabenquote, vor allem wegen der damals günstigen Arbeitsmarktsituation mit 39,1% deutlich niedriger.

Bemerkenswert an dieser langfristigen Betrachtung ist, dass die Abgabenquote trotz der deutschen Vereinigung und der damit einhergehenden hohen Belastung heute nicht höher ist als zu Beginn der 1980er Jahre. Noch bemerkenswerter ist, dass die Abgabenbelastung trotz der gewaltigen finanziellen Lasten immer noch am unteren Ende des Mittelfeldes liegt.

Ein gänzlich anderes Bild ergibt sich, wenn zwischen der Steuerquote und der Quote der Sozialversicherungsbeiträge unterschieden wird.

Bei der Steuerquote liegt Deutschland mit einem Wert von 23% am unteren Ende der Skala und liegt etwa gleich mit den USA. Die niedrigste Steuerquote weist wiederum Japan auf. Die höchste Steuerquote hat Dänemark mit 46,5%, gefolgt von Schweden mit 38%.

Bei den Sozialversicherungsbeiträgen liegt Deutschland dagegen mit einer Quote von 18,5%, dicht gefolgt von Frankreich mit 18,3%, an der Spitze. Deutlich abgesetzt sind Japan, USA, Großbritannien und vor allem Dänemark (3,2%).

Bei diesem internationalen Vergleich muss allerdings berücksichtigt werden, dass die Systeme der sozialen Sicherung in den verschiedenen Ländern unterschiedlich finanziert werden. So wird beispielsweise in Dänemark ein Großteil der Kosten des Sozialsystems durch das Steuersystem finanziert (so liegt die Mehrwertsteuer in Dänemark bei 25%).

Die hohe Quote der Sozialversicherungsbeiträge und spiegelbildlich dazu die niedrige Steuerquote zeigt, dass die Kosten der deutschen Vereinigung vorwiegend durch das Sozialversicherungssystem finanziert wurden.

Während die Quote der Sozialversicherungsbeiträge nach 1990 stark zugenommen hat, ist die Steuerquote im Verlauf der letzten 20 Jahre eher zurückgegangen.

Wenn in Deutschland über eine Reform der Systeme der sozialen Sicherung diskutiert wird, muss insbesondere auch über die Reform der Einnahmeseite diskutiert werden.

Indirekte Steuern, in % des nominalen BIP

	Belgien	Dänemark	**Deutschland**	Frankreich	Italien
1980	11,7	17,7	**12,8**	15,0	8,4
1985	11,8	17,3	**12,3**	15,8	9,0
1990	11,8	16,7	**12,1**	14,8	10,7
1995	12,2	16,9	**11,4**	15,4	12,1
2001	12,6	17,1	**11,9**	15,1	14,6

Direkte Steuern, in % des nominalen BIP

	Belgien	Dänemark	**Deutschland**	Frankreich	Italien
1980	17,1	25,0	**12,3**	7,6	9,5
1985	18,1	27,8	**12,2**	8,3	12,4
1990	15,7	28,3	**10,7**	8,2	14,2
1995	16,7	30,4	**11,1**	8,5	14,8
2001	17,6	29,4	**11,1**	12,6	15,2

Sozialversicherungsbeiträge, in % des nominalen BIP

	Belgien	Dänemark	**Deutschland**	Frankreich	Italien
1980	14,0	1,8	**16,4**	19,3	14,1
1985	16,3	2,8	**17,0**	20,8	13,8
1990	16,1	2,3	**16,3**	20,5	14,4
1995	16,8	2,6	**18,8**	20,5	14,8
2001	16,4	3,2	**18,5**	18,3	12,7

Steuerquote

	Belgien	Dänemark	**Deutschland**	Frankreich	Italien
1980	28,8	42,7	**25,1**	22,6	17,9
1985	29,9	45,1	**24,5**	24,1	21,4
1990	27,5	45,0	**22,8**	23,0	24,9
1995	28,9	47,3	**22,5**	23,9	26,9
2001	30,2	46,5	**23,0**	27,7	29,8

Abgabenquote insgesamt

	Belgien	Dänemark	**Deutschland**	Frankreich	Italien
1980	42,8	44,5	**41,5**	41,9	32,0
1985	46,2	47,9	**41,5**	44,9	35,2
1990	43,6	47,3	**39,1**	43,5	39,3
1995	45,7	49,9	**41,3**	44,4	41,7
2001	46,6	49,7	**41,5**	46,0	42,5

Quelle: OECD, Economic Outlook, EU-Kommission

Niederlande	Österreich	Schweden	Großbritannien	USA	Japan
10,1	15,7	13,2	13,2	7,7	7,4
10,0	16,2	16,1	13,0	7,9	7,8
10,3	15,6	16,8	12,2	7,8	7,9
10,7	14,2	13,7	13,1	8,1	7,7
12,6	14,7	14,6	13,6	7,7	8,5

Niederlande	Österreich	Schweden	Großbritannien	USA	Japan
15,0	11,9	20,5	15,8	14,0	10,8
12,1	12,6	20,0	17,1	12,6	12,0
15,0	11,7	22,4	16,7	13,0	13,2
12,4	12,0	20,2	14,9	13,5	9,7
11,9	15,2	23,4	16,8	14,9	8,6

Niederlande	Österreich	Schweden	Großbritannien	USA	Japan
15,3	14,7	14,5	7,6	6,0	7,3
17,3	15,6	13,3	8,4	6,7	8,2
16,5	15,6	14,8	7,5	7,1	8,8
17,2	17,4	14,2	7,5	7,3	9,9
15,3	17,0	16,3	7,7	7,2	10,5

Niederlande	Österreich	Schweden	Großbritannien	USA	Japan
25,1	27,6	33,7	29,0	21,7	18,2
13,1	28,8	36,1	30,1	20,5	19,8
25,3	27,3	39,2	28,9	20,8	21,1
23,1	26,2	33,9	28,0	21,6	17,4
24,5	29,9	38,0	30,4	22,6	17,1

Niederlande	Österreich	Schweden	Großbritannien	USA	Japan
40,4	42,3	48,2	36,6	27,7	25,5
30,4	44,4	49,4	38,5	27,2	28,0
41,8	42,9	54,0	36,4	27,9	29,9
40,3	43,6	48,1	35,5	28,9	27,3
39,8	46,9	54,3	38,1	29,8	27,6

»Eine gesunde Reform für alle«
Eckpunkte des DGB zur Gesundheitsreform 2003

Vorbemerkung

Das Gesundheitswesen ist ein bedeutender Wirtschaftszweig mit über vier Millionen Arbeitsplätzen, der ohne die dem Solidaritätsprinzip verpflichtete gesetzliche Krankenversicherung (GKV) nicht den Status der größten Dienstleistungsbranche unserer Volkswirtschaft erreicht hätte. Seine Reform ist eine politische Daueraufgabe, die sich beständig im Spannungsverhältnis von steigenden Ausgaben einerseits, begrenzten finanziellen Ressourcen andererseits bewegt. Dieser grundsätzliche Konflikt kann weder durch quantitative Budgetbeschränkungen noch durch kurzfristige Erhöhungen der Einnahmen gelöst werden. Es geht vielmehr darum, die Effektivität und die Wirtschaftlichkeit des Ressourceneinsatzes immer aufs Neue zu überprüfen und die Versorgungs- und Finanzierungsstrukturen den veränderten Bedingungen anzupassen. Nur so kann die solidarische Krankenversicherung als unverzichtbares ordnungspolitisches Kernstück unseres Gesundheitswesens zukunftssicher gemacht werden.

Der DGB strebt eine Reform des Gesundheitswesens an, welche die vorhandenen Versorgungsdefizite, Unwirtschaftlichkeiten und überholten Organisationsstrukturen anpackt. Es sind ausreichende finanzielle Mittel vorhanden, die jedoch so eingesetzt werden, dass neben Überversorgung und teilweise auch Verschwendung in einigen Versorgungsbereichen gravierende Mängel und Unterversorgung in anderen Bereichen gegenüberstehen. Wir verfügen über ein technisch bestens ausgestattetes Gesundheitswesen, verzeichnen aber zugleich erhebliche Defizite in der Prävention, der Behandlung chronisch Kranker sowie generell in der Verzahnung der einzelnen Versorgungsbereiche, dem Qualitätsmanagement und der Leistungstransparenz. An diesen Punkten muss die anstehende Gesundheitsreform vordringlich ansetzen.

Erst danach müssen Maßnahmen zur mittel- bis langfristigen Sicherung der Finanzierung der solidarischen Krankenversicherung ergriffen werden.

Veröffentlicht am 12. Februar 2003 in Berlin

Deshalb muss die Gesundheitsreform 2003 nach Meinung des DGB drei Schwerpunkte haben:

1. Die Qualität der Versorgung muss verbessert werden.
2. Die Integrierte Versorgung muss gefördert und zur Regelversorgung werden.
3. Ein Wettbewerb um die Qualität muss eingeleitet werden.

1. Die Qualität der Versorgung muss verbessert werden

Der Sachverständigenrat für die Konzertierte Aktion im Gesundheitswesen hat in seinem Gutachten »Bedarfsgerechtigkeit und Wirtschaftlichkeit 2000/2001« festgestellt, dass in Deutschland ca. die Hälfte aller an den wichtigsten chronischen Krankheiten leidenden PatientInnen nicht nach dem wissenschaftlich gesicherten Stand behandelt werden. Dieses Defizit zeigt sich in überdurchschnittlich hoher Mortalität und Morbidität im Vergleich zu anderen Ländern. So liegt beispielsweise die Sterblichkeit für Diabetes, Darmkrebs, Brustkrebs, Schlaganfall und Bluthochdruck in Deutschland im europäischen Vergleich nur im mittleren Bereich, obwohl Deutschland mit die höchsten Arzneimittelausgaben, eine hohe Ärztedichte und lange Krankenhausverweildauern aufweist.

Qualität und Wirtschaftlichkeit der Versorgung können durch neue Formen des Wettbewerbs erreicht werden. Wer allerdings mehr Wettbewerb fordert, um Rationalisierungsreserven im System zu erschließen, muss gleichzeitig definieren, welche Parameter Grundlage des Wettbewerbs sein sollen. Sonst besteht die Gefahr, dass Wettbewerb zu Risikoselektion und Qualitätseinbußen führt. Mehr Wettbewerb im Gesundheitssystem kann daher nur Wettbewerb um mehr Effizienz *und* mehr Qualität bedeuten. Um solch einen Qualitätswettbewerb zu initiieren, müssen folgende Voraussetzungen erfüllt sein:

Wir brauchen mehr Transparenz im Versorgungssystem
Mehr heißt, bessere und verständliche Informationen über Diagnose, Therapie, Untersuchungsmethoden, Arzneimittel, Auswirkungen einzelner Maßnahmen und Wechselwirkungen verschiedener Therapien.

Konkret bedeutet dies:

Wir brauchen ein Datentransparenzgesetz, das die Krankenkassen und die Leistungserbringer zu einer sachgerechten Dokumentation von Behandlungsabläufen und deren Kosten unter Wahrung der allgemeinen Grundsätze des Datenschutzes verpflichtet.

Daneben sollte eine qualifizierte Gesundheitsberichterstattung unter Nutzung und Ausbau der bereits bestehenden Datenflüsse etabliert werden. Die Ergebnisse der Gesundheitsberichterstattung dürfen keinen Rückschluss auf den einzelnen Patienten erlauben.

Die Krankenkassen müssen in die Lage versetzt werden, gute und schlechte Qualität differenziert zu honorieren

Das bedeutet, dass Krankenkassen ihren Mitgliedern die Ärzte und Krankenhäuser nennen dürfen, die auf der Grundlage des besten medizinischen Wissens eine besonders gute Qualität anbieten. Zum Beispiel ist es für PatientInnen wichtig zu wissen, wer sich an Maßnahmen der Qualitätssicherung oder an strukturierten Behandlungsprogrammen beteiligt. Zusätzlich sollte es den Krankenkassen möglich sein, mit solchen qualitätsorientierten Leistungserbringern gesonderte Verträge abzuschließen. Beispiele hierfür sind die gesonderte Vergütung des Dokumentationsaufwandes in strukturierten Behandlungsprogrammen für chronische Erkrankungen (Disease-Management-Programme).

Mehr Transparenz wird auch durch die obligatorische Einführung einer elektronischen Gesundheitskarte erreicht werden, die folgende Elemente zusammenfasst: Elektronisches Rezept, elektronische Patientenakte, elektronischer Arztbrief, Notfallausweis. Damit können z.B. unnötige Doppeluntersuchungen vermieden, Arzneimittelunverträglichkeiten erfasst und die Kommunikation an den Schnittstellen der Versorgung verbessert werden. Die Zusammenfassung dieser Informationen bietet die Möglichkeit, dass sich Ärzte und andere beteiligte Gesundheitsberufe sehr schnell einen umfassenden Eindruck über die Krankheitsgeschichte und aktuelle Therapien eines Patienten verschaffen können, um zielgenau die anstehenden Maßnahmen einzuleiten. Unabdingbar für die Einführung einer elektronischen Gesundheitskarte ist, dass der Patient Herr seiner Daten bleibt und Missbrauchsmöglichkeiten durch Dritte (z.B. durch Arbeitgeber zur Einstellungsuntersuchung) ausgeschlossen sind.

Bei jedem Qualitätswettbewerb muss sichergestellt werden, dass transparente und wissenschaftlich begründete Qualitätsstandards etabliert werden

Widersprüchliche oder stark voneinander abweichende Qualitätsstandards führen nicht zu einer generellen Erhöhung der Qualität in der Versorgung. Außerdem tragen sie zu einer starken Verunsicherung der betroffenen PatientInnen bei. Daher gehört zu jedem Qualitätswettbewerb, dass Qualitätsstandards einheitlich und verbindlich vorgegeben werden. Die Standards müssen sich an der wissenschaftlichen Evidenz orientieren und müssen von wirtschaftlichen Interessen unabhängig definiert werden. Daher ist für die Ausarbeitung solcher Standards ein nicht staatliches, unabhängiges Zentrum für Qualität in der Medizin einzurichten. Dieses sollte sich auch externen Sachverstandes und der Erfahrungen von PatientInnen bedienen. Die Standards müssen nach einem nachvollziehbaren und wissenschaftlich gesicherten Verfahren in Empfehlungen umgesetzt werden.

Behandlungsleitlinien, so genannte evidenzbasierte Leitlinien, müssen veröffentlicht und für Ärzte und Patienten nachvollziehbar formuliert werden. Es sollten nicht nur Empfehlungen zur Therapie von Erkrankungen, sondern auch die Verfahren bewertet werden, die zum Einsatz kommen. Das unabhängige, nichtstaatliche, Zentrum für Qualität in der Medizin hat diese Aufgaben:

- Entscheidungsvorbereitung für die reformierten Ausschüsse der gemeinsamen Selbstverwaltung;
- Information und Aufklärung (z.B. für PatientInnen verständliche Leitlinien);
- Sicherstellung eines qualitätsgesicherten und transparenten Verfahrens unter Einbezug von Patienteninteressen;
- Erhöhung der Transparenz für Entscheidungen in der medizinischen Versorgung.

Für das Zusammenspiel der gemeinsamen Selbstverwaltung von Ärzten und Krankenkassen (Bundesausschüsse) und dem Zentrum für Qualität in der Medizin müssen Regeln und Verfahren entwickelt werden, damit neueste medizinische Erkenntnisse umgehend in den Versorgungsalltag einziehen und den PatientInnen zugute kommen können.

Zunächst müssen die Bundesausschüsse jedoch reformiert werden. Notwendig dazu sind folgende Arbeiten:

- Analyse der Qualitätsdefizite der medizinischen Versorgung;
- Benennung der Probleme in der Entscheidungsfindung der gemeinsamen Selbstverwaltung (Verfahrensregeln, juristische Qualität der Entscheidungen usw.);
- Erarbeitung von Reformvorschlägen für mehr Effizienz und Transparenz der Arbeit der Ausschüsse auf Bundesebene, der Entscheidungsprozesse der Bundesausschüsse und des Koordinierungsausschusses, Entwicklung vereinfachter Verfahren der Abstimmung in den Bundesausschüssen und im Koordinierungsausschuss.

Die Hauptaufgabe des Zentrums ist die Prüfung des therapeutischen Nutzens und der Wirtschaftlichkeit von Verfahren, Leistungen und Methoden in der medizinischen Versorgung. Es arbeitet damit der Gemeinsamen Selbstverwaltung zu. Die Entscheidung über die Definition neuer Leistungen und die Verabschiedung von Behandlungsleitlinien obliegt den reformierten Bundesausschüssen.

2. Die integrierte Versorgung muss gefördert und zur Regelversorgung werden

Die sektorale Abschottung der einzelnen Versorgungsbereiche zählt zu den zentralen Mängeln des deutschen Gesundheitswesens.

Die organisatorische Trennung von hausärztlicher und fachärztlicher, ambulanter und stationärer, akuter und rehabilitativer, medizinischer und pflegerischer Versorgung ist nicht nur eine der zentralen Ursachen für Über-, Unter- und Fehlversorgung im deutschen Gesundheitswesen, sondern auch wesentlicher Grund für die Verschwendung humanitärer und monetärer Ressourcen. Die Aufrechterhaltung der starren Abgrenzung dieser Sektoren macht deutlich, dass die Versorgung nicht auf der Grundlage einer von den Patientenbedürfnissen ausgehenden Prozesssteuerung erfolgt. PatientInnen sind weitgehend auf sich allein gestellt und können das undurchsichtige Angebotsgeflecht kaum durchdringen. Juristische und informationstechnische Hindernisse erschweren die Ausübung von Navigationsfunktionen durch Krankenkassen, Selbsthilfegruppen oder Patientenberatungsstellen. Die Lotsenfunktion des Hausarztes ist in Deutschland nur schwach ausgebildet.

Diese Defizite sind seit langem bekannt
Seit der Gesundheitsreform 2000 haben Krankenkassen die Möglichkeit, über Erprobungsregelungen und Strukturverträge das traditionelle Vertragsarztsystem zu überwinden und integrierte Versorgungsformen und -konzepte zu fördern.

Die Erwartungen, die die Politik an innovative Akteure mit der Einführung einer neuen, ausdrücklich gleichberechtigten Versorgungsform neben der bisherigen Regelversorgung ausgesprochen hatte, konnten aber bisher nicht erfüllt werden. Nur mit Mühe kam auf Bundesebene eine Rahmenvereinbarung über die integrierte Versorgung zustande, die zudem ein im Gesetz nicht vorgesehenes Beitrittsrecht der Kassenärztlichen Vereinigungen zu integrierten Versorgungsverträgen vorsieht.

Neben dem politischen Druck, der von kassenärztlichen Vereinigungen auf Ärztinnen und Ärzte ausgeübt wird, die gemäß den Intentionen des Gesetzgebers auch ohne deren Beteiligung neue Verträge schließen wollen, werden vor allem folgende Gründe für die mangelnde Attraktivität einer integrierten Versorgung angeführt:

- ungeklärtes Nebeneinander von integrierter Versorgung, Strukturverträgen und Modellversuchen;
- Barrieren aus dem ärztlichen Berufsrecht;
- Unklarheit über Unternehmens- und Rechtsformen;
- fehlende Beteiligungsanreize für Patientinnen und Patienten, Leistungserbringer und Krankenkassen;
- Unpraktikabilität der Budgetausgrenzung;
- fehlende Einbeziehung der Arzneimittelversorgung (einschließlich des Arzneimittelvertriebs) und sonstiger veranlasster Leistungen.

Neue gesetzliche Regelungen müssen darauf abzielen, dass sich an regionalen Versorgungsnotwendigkeiten angepasste integrierte Versorgungsformen entwickeln.

Diese Versorgungsformen sollten sich nicht allein auf die integrierte Versorgung im Sinne der §§ 140 a ff. SGB V beschränken.

Stattdessen sind folgende Schritte erforderlich:

- In der integrierten Versorgung sollten sich über Such- und Bewertungsprozesse die Modelle durchsetzen können, die für alle Beteiligten die bestmögliche Behandlung garantiert. Dazu gehört, dass PatientInnen eine umfassende medizinische Versorgung aus einer Hand geboten wird. Sie haben bei der Behandlung durch mehrere Fachdisziplinen kurze Wege und können sicher sein, dass alle beteiligte Ärzte ihre Informationen zeitnah austauschen. Ärzte und die anderen Gesundheitsberufe können von aufwändigen Verwaltungstätigkeiten entlastet werden und sich intensiver der Arbeit am Patienten widmen. Die gemeinsame Nutzung von teuren Geräten und Räumlichkeiten senkt die Betriebskosten und damit die Behandlungskosten für die Krankenkassen insgesamt.
- Auch sollten die Krankenhäuser für bestimmte Bereiche der ambulanten Versorgung geöffnet werden. In Regionen, in denen Unterversorgung in der medizinischen Standardversorgung herrscht, können sie eine besondere Bedeutung bekommen.
- Es sollten Gesundheitszentren nach dem Vorbild von sog. 311er-Einrichtungen in den neuen Bundesländern (Brandenburger Modell) ebenso bundesweit gefördert werden, wie Eigeneinrichtungen der Krankenkassen, die dem Ziel der Integration verpflichtet sind.
- Durch die Einführung von Fallpauschalen (DRGs) und strukturierten Behandlungsprogrammen (Disease-Management-Programmen) sind wichtige Änderungen in der Krankenhauslandschaft zu erwarten. An-

zahl und Dauer von Krankenhausaufenthalten werden vermutlich sinken und Kapazitäten und Ressourcen in den Krankenhäusern freisetzen. Damit besteht die Möglichkeit, frühzeitig eine Neuausrichtung von Strukturen im Krankenhausbereich zu schaffen. Beispielsweise sind Krankenhäuser aufgrund der vorhandenen materiellen und personellen Ressourcen gut geeignet als Koordinationszentrum für Maßnahmen der integrierten Versorgung. Die Ausgaben für die Vorhaltung von Doppelstrukturen können gesenkt werden und PatientInnen müssen keine Doppel- und Dreifachuntersuchungen über sich ergehen lassen.

Damit Modelle der Integrierten Versorgung überhaupt etabliert werden, ist es notwendig, dass bremsende Regulierungen und blockierende Eigeninteressen von Standesorganisationen beseitigt werden:

- Dazu müssen Budgetausgrenzungen aus sektoralen Budgets vereinfacht werden und die bewusste Förderung der integrierten Versorgung zulasten der bisherigen Regelversorgung erzielt werden.
- Daneben ist der Vorrang des Sozialrechts vor dem Berufsrecht ausdrücklich gesetzlich klarzustellen. Dies betrifft vor allem den Aspekt, dass sich Anbieter integrierter Versorgungsformen aller zivilrechtlich möglichen Unternehmensformen bedienen dürfen.
- Über das Sozialrecht hinaus müssen Versorgungsmodelle mit verlässlichen organisatorischen Strukturen gefördert werden. Gerade die Hoffnungen in den Wachstumsmarkt Gesundheit gebieten es, für die Entwicklung von Betriebs- und Vergütungskonzepten und für die Gründung von integrierten Versorgungsformen Ressourcen bereitzustellen, z.B. durch Innovationsfonds. Neben Anreizen für Leistungserbringer sollten Anreize für Versicherte möglich werden.

Insbesondere in Ballungsgebieten werden sich dadurch differenzierte Versorgungsmodelle entwickeln, die in einem regulierten Vertragswettbewerb miteinander konkurrieren. Damit wird das Nebeneinander von Individual- und Kollektivverträgen künftig zum Regelfall. Dies darf allerdings nicht auf eine Atomisierung der Vertragslandschaft hinauslaufen. Deshalb wird aus wettbewerblichen und kartellrechtlichen Gründen ein formalisiertes Vertragsabschlussverfahren, insbesondere über den Weg der Ausschreibung von Versorgungsaufträgen, favorisiert. Außerdem müssen bundeseinheitliche Vorgaben sicherstellen, dass der Vertragswettbewerb nicht zur Risikoselektion missbraucht wird und den Zugang aller Versicherten zu adäquaten Versorgungsangeboten einschränkt. Auf diese Weise wird sichergestellt, dass alle Versicherten, unabhängig von ihrer Kassenzugehörigkeit, das Angebot an integrierten Versorgungsformen wahrnehmen können.

Um integrierte Versorgung zu fördern, müssen Maßnahmen ergriffen werden. Die rechtliche Hindernisse beseitigen, die ökonomische Anreize schaffen und betriebswirtschaftliche Impulse geben. Dazu sind folgende Regelungen notwendig:

Bereinigung von bremsender Regulierung

- Das Beteiligungsrecht der KVen an jedem Vertrag über integrierte Versorgung nach drei Jahren ist zu beseitigen;
- Durchsetzung der Vorrangstellung des Sozialrechts vor dem Berufsrecht (u.a. durch Klarstellung, dass Anbieter integrierter Versorgungsformen sich aller zivilrechtlicher Unternehmensformen bedienen dürfen);
- Ermöglichung von Eigeneinrichtungen der Krankenkassen;
- Schaffung von Ausschreibungsmöglichkeiten für Krankenkassen;
- Liberalisierung des Arzneimittelvertriebs und Ermöglichung von Direktverträgen der Krankenkassen mit pharmazeutischen Herstellern, Großhändlern und Apotheken;
- Wegfall der Apothekenpflicht für Impfstoffe.

Übergangsregelung zur Förderung der integrierten Versorgung

Für die Förderung der integrierten Versorgung ist die Gestaltung der Übergangsphase von zentraler Bedeutung. Besondere Wechselwirkungen bestehen zur Ausgestaltung des Sicherstellungsauftrages und der Vergütungssysteme, insbesondere für fachärztliche Leistungen. Gefahren für die integrierte Versorgung liegen einerseits darin, dass die Politik die Dynamik des Wettbewerbs unterschätzt und irreversible Tatsachen ermöglicht. Es ist daher erforderlich, dass im Rahmen der Wettbewerbsordnung und des Wettbewerbsrechts Standards und Regeln definiert werden, die das »freie Spiel« der Marktkräfte in der integrierten Versorgung zähmen. Kartellbildungen, Missbrauchsmöglichkeiten und Preis-Leistungs-Defizite müssen ausgeschlossen bzw. sanktioniert werden, da sie letztendlich immer zulasten der PatientInnen gehen.

Andererseits dürfen Regulierungsdichte und Regulierungstiefe die Suche nach neuen Versorgungsformen nicht ersticken. Die Rahmenbedingungen müssen so gestaltet sein, dass eine Vielfalt von Modellen möglich wird und dass PatientInnen, Krankenkassen und Leistungserbringer erweiterte Wahlmöglichkeiten haben. Dann kann integrierte Versorgung einen wesentlichen Beitrag zur Verbesserung von Qualität und Effizienz im deutschen Gesundheitswesen leisten.

3. Ein Wettbewerb um die Qualität muss eingeleitet werden

Das Gesundheitswesen ist durch einen verzerrten Wettbewerb gekennzeichnet. Kartelle der Leistungserbringer stehen den zu einheitlichem und gemeinsamen Handeln gezwungenen gesetzlichen Krankenkassen gegenüber. Die Kassen der GKV befinden sich in Wettbewerb untereinander, während der Kontrahierungszwang gegenüber den ärztlichen Leistungserbringern aufrechterhalten wurde.

Diese Konstellation erlaubt keine Konkurrenz um die Qualität der Versorgung und bessere Behandlungskonzepte.

Wettbewerb kann kreative Potenziale im Hinblick auf die Suche nach neuen Organisationsstrukturen der Versorgung und der Schaffung effizienterer Betriebsformen freisetzen. Allerdings müssen die zerstörerischen Kräfte des Wettbewerbs in Zaum gehalten werden.

Es muss ein Wettbewerbsrahmen geschaffen werden, der mit dem Solidaritätsprinzip im Einklang steht und sich auf die Versorgungsqualität konzentriert. Wettbewerb ist im Gesundheitswesen kein Ziel an sich. Wettbewerb im Gesundheitswesen muss immer ein Instrument sein, mit dem das eigentliche Ziel erreicht werden soll. Dieses Ziel ist die Verbesserung der Qualität der medizinischen Versorgung, die allen Patienten und Versicherten zugute kommt. Die Ausgestaltung des Wettbewerbs im solidarischen Gesundheitswesen wird sich an dieser Zielrichtung orientieren müssen, anderenfalls ist er verfehlt. Notwendig ist daher die Definition eines Wettbewerbsrahmens für die solidarische Krankenversicherung, innerhalb dessen sich die Beteiligten zu bewegen haben. Eine solidarische Wettbewerbsordnung ist die Basis für einen Qualitätswettbewerb, der zu mehr Effizienz führt und nicht auf dem Rücken der PatientInnen ausgetragen wird.

Daher ist eine für die Versicherten produktive Weiterentwicklung des Wettbewerbs an die folgenden Bedingungen zu knüpfen:

- Voraussetzung für den Ausbau der solidarischen Wettbewerbsordnung ist ein solidarisch und paritätisch finanzierter, einheitlicher Leistungskatalog. Nur auf dieser Grundlage kann ein weiterer Wettbewerb um zahlungsfähige Versicherte verhindert werden. Der Wettbewerb soll sich auf die Frage konzentrieren, wer gute Qualität günstig anbietet. Die Frage, welche Leistungen eine Kasse finanziert, sollte nicht Gegenstand des Wettbewerbs werden.
- Eine weitere Voraussetzung für den Ausbau der solidarischen Wettbewerbsordnung ist, dass der Risikostrukturausgleich morbiditätsorientiert ausgestaltet wird. Finanzielle Anreize für eine Risikoselektion

sind so weit wie möglich auszuschließen. Jede Kasse muss im Ergebnis über so viele Mittel verfügen können, die im Bundesdurchschnitt zur Versorgung ihrer jeweiligen Risikostruktur benötigt werden. Dann lohnt sich das »Rosinenpicken«, der Wettbewerb um junge, gesunde und gut verdienende Versicherte nicht mehr. Die Krankenkassen können dann ihre ganze Energie auf eine Verbesserung der Versorgungsqualität richten.

- Für alle Patienten und Versicherten – unabhängig von Alter, sozialer Situation und Geschlecht – ist der uneingeschränkte Zugang zu verbesserten Versorgungsstrukturen mit erhöhter medizinischer Qualität sicherzustellen.

Die gesundheitliche Versorgung der Bevölkerung ist eine öffentlich wahrzunehmende Aufgabe und muss dies auch bleiben. Dies beinhaltet die Verantwortung für eine zweckmäßige, ausreichende und das Maß des Notwendigen nicht überschreitende Versorgung mit medizinischen Leistungen, die sich an regionalen Morbiditätsindikatoren orientieren sollte. Regionale Gesundheitskonferenzen unter Beteiligung der relevanten Akteure können die Koordinierung und Planung der sektorenübergreifenden Versorgung unterstützen. Die Kontrolle, ob die Versorgung bedarfsgerecht ist, ist durch staatliche Instanzen auf der Ebene der Bundesländer vorzunehmen. Diese Kontrolle hat sich an der Zielsetzung der sektorenübergreifenden Versorgung zu orientieren. Es gilt, frühzeitig Unterversorgungssituationen zu ermitteln und diese nötigenfalls mit aufsichtsrechtlichem Druck auf die Krankenkassen und die Leistungsanbieter zu verhindern. Auch die Kontrolle der Einhaltung der Regeln des Wettbewerbs ist eine öffentliche Aufgabe. Das betrifft insbesondere das Verhindern des Auftretens marktbeherrschender Stellung und von Preisabsprachen, also die Überwachung wettbewerbs- und kartellrechtlicher Grundsätze.

Die Einführung eines Vertragswettbewerbs in der Beziehung der Krankenkassen zu Leistungserbringern muss einen wesentlichen Beitrag dazu leisten, Qualität und Wirtschaftlichkeit zu erhöhen. Notwendig ist hierbei die Veränderung der Vertragsgestaltung, die momentan die Kassen dazu zwingen, mit jedem zugelassenen Leistungserbringer über Kollektivverträge eine Beziehung herzustellen. Weder die Qualifikation des Arztes noch die erbrachte Qualität der Leistung sind von Bedeutung. Somit haben die Kassen derzeit keine Möglichkeit und keine Anreize, steuernd auf die erbrachte Qualität der medizinischen Leistungen für ihre Versicherten Einfluss zu nehmen.

Mit der Einführung des Vertragswettbewerbs wird den Kassen auf der einen Seite die Möglichkeit der Steuerung gegeben. Leistungserbringer werden auf der anderen Seite gezwungen, ihre Qualifikation und ihre Qualität nachzuweisen, damit sie Versorgungsverträge abschließen können. Damit stehen sie im Wettbewerb und werden dann am Markt bestehen können, wenn sie die definierte Qualität ihrer medizinischen Leistungen erbringen.

Die Frage danach, wer die Qualität von gesundheitlicher Versorgung und die Qualifikation der Leistungserbringer definiert, will der DGB allerdings nicht den Vertragspartnern der Einzelverträge überlassen. Stattdessen muss eine Institution, wie z. B. ein unabhängiges, staatsfernes Zentrum für Qualität in der Medizin, Standards und Leitlinien vorbereiten. Die Normierungen müssen auf hohem Niveau qualitätsgesichert definiert werden und gelten grundsätzlich für alle abzuschließenden Versorgungsverträge. Es sind Regelungen zu treffen, die ein sinnvolles Nebeneinander von Kontrahierungs- und Vertragsmodell bzw. einen reibungslosen Übergang vom Kontrahierungs- in das Vertragsmodell ermöglichen.

Wenn der neue Wettbewerb im Gesundheitswesen nach diesen Grundsätzen ausgestaltet, gesteuert und immer wieder auf seine Wirkungen hin überprüft wird, kann er einen wesentlichen Beitrag zur Steigerung von Qualität und Wirtschaftlichkeit leisten.

Finanzierung der GKV sichern

Der DGB will mit den nachfolgenden Eckpunkten zur zukünftigen Finanzierung der GKV nicht »Mehr Geld ins System« tragen, sondern die Finanzierung gerechter gestalten und niedrigere Beitragssätze erreichen.

Er sieht die zukünftige Ausgestaltung der Finanzierungsgrundlagen der gesetzlichen Krankenversicherung (GKV) zwingend eingebunden in das vorgestellte Konzept der qualitätsorientierten Weiterentwicklung des Gesundheitswesens, im dem die Bedarfe der Versicherten und Patienten im Vordergrund stehen.

Angesichts der umfangreichen Qualitäts-, Wirtschaftlichkeits- und Steuerungsdefizite im Gesundheitswesen verfehlt eine alleinige Diskussion um die Veränderung der Finanzierungsgrundlagen der GKV das Ziel einer bedarfsgerechten und effizienten Neugestaltung des Versorgungssystems. Veränderungen in der Finanzierungsgestaltung der GKV allein sichern nicht das Gesundheitswesen der Zukunft. Zuvor sind Strukturreformen notwendig, die die Qualität und Wirtschaftlichkeit erhöhen.

Das gegliederte System der GKV ist eine Solidargemeinschaft und beruht auf den Prinzipien der solidarischen Finanzierung und der bedarfsorientierten Leistungen. Jeder Versicherte zahlt nach dem Prinzip der Leistungsfähigkeit einen bestimmten prozentualen Anteil seines oder ihres Arbeitseinkommens an die Krankenkassen. Aus diesem Fonds wird die medizinische Versorgung aller Mitglieder der Kasse bezahlt, auch die der nicht erwerbstätigen Familienangehörigen. Im Unterschied zur Renten- und Arbeitslosenversicherung hat das Äquivalenzprinzip, d.h. die Abhängigkeit der Leistungen von der Höhe der Beitragszahlungen, keine Bedeutung bei der Inanspruchnahme medizinischer Leistungen. Stattdessen gilt das Bedarfsprinzip; alle Versicherten haben Anspruch auf die medizinisch notwendigen Behandlungen in angemessener Qualität. An diesen Eckpfeilern der GKV rüttelt der DGB ebenso wenig wie an der paritätischen Finanzierung durch die Versicherten und deren Arbeitgeber.

Unbestritten ist, dass sich die Finanzierungsprobleme der GKV seit 20 Jahren beständig verschärft haben. Die in diesem Zeitraum zu registrierenden Beitragssatzsteigerungen von durchschnittlich 12% auf 14% sind zu einem erheblichen Teil auf eine sinkende Lohnquote, d.h. den Anteil der Arbeitnehmer und Rentner am Volkseinkommen, zurückzuführen. Die hohe Arbeitslosigkeit, der kontinuierlich wachsende Anteil der Rentner an den GKV-Mitgliedern sowie ein stagnierendes Niveau der Reallöhne haben die Beitragszahlerinnen stärker belastet als die Ausgabensteigerungen. Hinzu kommen staatlicherseits verfügte Entlastungen anderer Sozialversicherungszweige und des Bundeshaushaltes zulasten der GKV (»Verschiebebahnhöfe«). Eine Reform der GKV-Finanzierung steht daher neben den dringend notwendigen Strukturveränderungen auf der gesundheitspolitischen Reformagenda weit vorne. Die Leitlinie für eine Reform der Finanzierungsgrundlagen der GKV muss sowohl aus volkswirtschaftlichen wie aus sozialen Gründen die Stärkung des Solidaritätsprinzips sein. Nur so ist unser Anspruch einzulösen, allen Bürgern den gleichen Zugang zu einer guten medizinischen Versorgung zu garantieren.

Der in der Diskussion befindliche Vorschlag, die solidarische Beitragsfinanzierung durch eine über Kopfpauschalen finanzierte private Pflichtversicherung zu ersetzen, lehnt der DGB ab. Die Umstellung der GKV-Finanzierung auf Kopfpauschalen führt zu sozialer Ungerechtigkeit und trägt nichts zur Verbesserung von Wirtschaftlichkeit und Qualität im Gesundheitswesen bei. Unabhängig von der konkreten Ausgestaltung, würden insbesondere Familien der unteren und mittleren Einkommensgruppen benachteiligt. Die von privaten Versicherungsgesellschaften und Unternehmerverbänden geforderte Finanzierung eines sozialen Ausgleichs über die Einkommensteuer würde nicht nur eine volkswirtschaftlich unsinnige staatliche Subventionsspirale in Gang setzen. Diese Finanzierung ist auch außerordentlich intransparent und verkompliziert das Steuerrecht, anstatt es, wie allgemein gefordert, zu vereinfachen. Zudem würde die Gestaltung des Gesundheitswesens zunehmend stärker haushalterischen Gesichtspunkten unterliegen und nicht primär auf die Bedürfnisse von Versicherten und Patienten ausgerichtet sein.

Der DGB stellt seine Vorschläge zur Ausgestaltung der Finanzierungsgrundlagen unter die Voraussetzungen, dass:

- durch eine Gesundheitsstrukturreform die Qualität der Versorgung erhöht und die vorhandenen Wirtschaftlichkeitsreserven in der Erbringung von Leistungen gehoben werden;
- alle Versicherten und Patienten, unabhängig von ihrem Einkommen, den bedarfsgerechten Zugang zu allen Versorgungsangeboten haben und ihnen die Versorgung zukommt, die sie benötigen;
- die medizinische Versorgung nach dem besten Stand des Wissens erfolgt;
- Beitragszahler und Versicherte einen Anspruch darauf haben, die von ihnen aufgebrachten Mittel rational und effizient eingesetzt zu sehen
- die Finanzierung der GKV gerechter gestaltet wird;
- dass die Veränderung der Finanzierungsgrundlagen zur Senkung der Beitragssätze genutzt wird und nicht zusätzliche Mittel in das System fließen.

Die langfristige Ausgestaltung der Finanzierungsgrundlagen der GKV hat einerseits unter diesen Maßgaben zu erfolgen, andererseits unter der Voraussetzung, dass Prävention und Gesundheitsförderung einen höheren Stellenwert in der Gesundheitspolitik und der Gesundheitsversorgung bekommen, um die langfristig kostensenkenden Potenziale für die GKV zu eröffnen.

Der DGB schlägt eine Reform der GKV-Finanzierung mit folgenden Eckpunkten vor:

- Die Beiträge orientieren sich strikt am Prinzip der Leistungsfähigkeit. Die paritätische Finanzierung durch Versicherte und deren Arbeitgeber bleibt bestehen.
- Geprüft werden sollte die Erweiterung der Versicherungspflicht auf weitere Personenkreise. Beamtinnen und Beamte sollten ein Wahlrecht zwischen Beihilfe und privater Versicherung sowie freiwilliger Mitgliedschaft in der GKV und hälftigem Arbeitgeberanteil erhalten.
- Die beitragsfreie Mitversicherung von Familienangehörigen bleibt erhalten.
- Die Versicherungspflichtgrenze sollte schrittweise angehoben werden. Damit würden Gutverdienende, die sich bisher privat absichern kön-

nen, in die GKV einbezogen. Die Beitragssätze der Krankenkassen könnten dadurch gesenkt werden.

- Die Beitragsbemessungsgrenze sollte ebenfalls angehoben werden. Da die Summe der beitragspflichtigen Entgelte dadurch steigt, können die Beitragssätze entsprechend niedriger ausfallen. Die Belastung der Arbeitnehmer und der Arbeitgeber bliebe unverändert. Die Verteilung der Belastung allerdings ändert sich: Einkommen bis zur derzeitigen Beitragsbemessungsgrenze würden entlastet, höhere Einkommen würden stärker als bisher zur Finanzierung herangezogen. Entsprechend würden Arbeitgeber je nach Beschäftigtenstruktur ent- oder belastet.
- Die Krankenversicherungsbeiträge der Bezieher von Arbeitslosengeld I und II werden wieder auf das vor der Arbeitslosigkeit von den Betroffenen erzielte Einkommen bezogen.
- Die Finanzierung der so genannten versicherungsfremden Leistungen in der GKV muss aus Steuermitteln erfolgen. D.h. der gesetzlichen Krankenversicherung ist ein Bundeszuschuss zu zahlen oder für bestimmte Leistungen, z. B. Leistungen, die keinen direkten Krankheitsbezug aufweisen, die Kosten zu erstatten. Es muss sichergestellt sein, dass alle steuerfinanzierten Leistungen der GKV weiterhin Leistungen der Krankenkassen bleiben und nicht als Aufgaben anderen Stellen übertragenwerden.
- Der kassenartenübergreifende Risikostrukturausgleich (RSA) wird zu einem morbiditätsorientierten RSA weiterentwickelt, da nur mit diesem ein Wettbewerb in der GKV möglich ist, der das Solidaritätsprinzip nicht beschädigt.

Der DGB hält am Prinzip der paritätischen Beitragsfinanzierung fest und lehnt alle Vorschläge ab, die auf eine stärkere Belastung der Versicherten hinauslaufen:

- Das Einfrieren des Arbeitgeberanteils oder die Umwidmung des Arbeitgeberanteils in einen Arbeitnehmeranteil.
- Jede risikobezogene Beitragsgestaltung, da sie ausschließlich Versicherte belastet. Die Ausgliederung von Behandlungskosten für Haushalts- und Freizeitunfälle ist unpraktikabel und würde überdies vor allem Familien mit Kindern benachteiligen. Auch Bonusssysteme für gesundheitsgerechtes Verhalten oder ein Malus für Rauchen, Alkoholgenuss oder Übergewicht sind nicht zielführend. Sie laufen auf die Einführung des Äquivalenzprinzips (Beitragsgestaltung auf der Grundlage nach dem persönlichen Erkrankungsrisiko) hinaus und widersprechen der Solidarität in der GKV.

- Erweiterung der Beitragsbemessungsgrundlage um weitere Einkommensbestandteile (Vermögenseinkünfte). Wenn diese Maßnahme überhaupt in Erwägung gezogen wird, ist sicherzustellen, dass der Grundsatz der paritätischen Finanzierung gewahrt bleibt und nicht nur diejenigen Versicherten belastet werden, deren Arbeitseinkommen unterhalb der Beitragsbemessungsgrenze liegt. Das Bundesministerium für Gesundheit und Soziale Sicherung wird aufgefordert, ein Gutachten über die finanziellen Konsequenzen und die gerechte Ausgestaltung einer solchen Maßnahme zu vergeben.

Der DGB will mit diesen Eckpunkten zur Finanzierung der GKV die solidarische Krankenversicherung zukunftssicher machen. Den Herausforderungen einer älter werdenden Gesellschaft und neuen technologischen Anforderungen in der Medizin kann mit diesen Maßnahmen wirksam begegnet werden.

Die Defizite in der Versorgung von PatientInnen sind nicht einem Mangel an Geld im Gesundheitswesen geschuldet, sondern überkommenen Versorgungsformen und -strukturen. Deswegen geht es uns nicht um ein »Mehr Geld ins System«, sondern in erster Linie um Strukturreformen. Mit weiteren Belastungen der Versicherten und PatientInnen werden die Probleme nicht gelöst, sondern verschärft.

Geschlechtersensible Gesundheitspolitik entwickeln

Betrachten wir unser Gesundheitssystem, so lässt sich schnell feststellen, dass die Medizin unterschiedliche Krankheitsausprägungen von Frauen und Männern nur unzureichend berücksichtigt. Häufig ist der »Mann in den besten Jahren« schon allein deshalb normgebend, weil in den meisten medizinischen Studien ausschließlich männliche Probanden untersucht werden. Frauen, Kinder und Alte sind dann die von dieser Norm Abweichenden – die daraus erwachsenden gesundheitlichen Gefahren bis hin zu tödlichen Risiken werden in letzter Zeit mehr und mehr erkannt.

Nicht zuletzt dem im Mai 2001 erschienenen ersten deutschen Frauengesundheitsbericht ist es zu verdanken, dass das Thema Frauengesundheit auf größeres öffentliches Interesse gestoßen ist. Dem Verbundprojekt »Frauengesundheit in Deutschland« ist es nicht nur gelungen, eine umfassende Bestandsaufnahme der Entwicklung in Ost- und Westdeutschland zu erheben, sondern auch zentrale wissenschaftliche Erkenntnisse zur Gesundheit von Frauen zu bündeln.

Daneben gibt es – auch international – inzwischen eine Fülle von Einzelstudien, Aufsätzen, Beobachtungen und Veröffentlichungen zum Thema Gesundheit und Geschlecht. Wir können an dieser Stelle nur einige Fakten herausgreifen, die ein Schlaglicht darauf werfen, welche geschlechtsspezifischen Aspekte es gibt und warum eine frauenpolitische Sichtweise auf Gesundheit und Krankheit überhaupt wichtig ist.

Die Auswirkung der Unterstellung »Mensch gleich Mann« im Gesundheitswesen soll zunächst im Bereich der Gesundheitsversorgung aufgezeigt werden. Exemplarisch wollen wir auf die Versorgung mit Arzneimitteln hinweisen. Die Häufigkeit von Nebenwirkungen von Medikamenten bei Frauen hat ihren Ursprung insbesondere darin, dass neue Präparate wenig bis gar nicht an Frauen getestet werden. Viele Testphasen werden gänzlich ohne Frauen durchgeführt. Die in Skandinavien durchgeführte Helsinki-Heart-Study[1] wurde an 4.081 männlichen Studienteilnehmern realisiert, um die Wirkung cholesterinsenkender Medikamente zu erforschen. Gleichwohl veröffentlicht das Margarine-Institut für gesunde Ernährung diese Ergebnisse als »geschlechtsneutral«.

Von den 287.032 Ärztinnen und Ärzten, die 1998 in Deutschland arbeiteten, sind knapp 73% männlich. Offenbar unterstellen Ärzte und Ärztinnen Frauen eher psychosomatische Beschwerdebilder, Männern eher somatische. Das könnte jedenfalls eine Erklärung dafür sein, dass niedergelassene Ärzte und Ärztinnen zwölf- bis zwanzigjährigen Mädchen und jungen Frauen bis zu dreimal häufiger Tranquilizer, Schmerz-, Schlaf- und Beruhigungsmittel und Hypotonika verschreiben.

In einer ersten Untersuchung der Barmer Ersatzkasse zum Thema[2] wird festgestellt, dass Frauen deutlich stärker unter den Patient/innen vertreten sind, die mindestens einmal eine Psychopharmakaverordnung erhalten haben. Die Depressionsdiagnostik lässt tendenziell darauf schließen, dass Frauen oft zu schnell als depressiv eingeordnet werden, während dies bei Männern eher selten vorkommt. Dies zeigt sich auch an der traurigen Tatsache, dass über zwei Drittel der Selbstmordversuche mit Todesfolge von Männern begangen werden.

Hier zeigt sich, dass nicht nur therapeutische Fragestellungen relevant sind, sondern dass diese durch psychosoziale Aspekte der Betreuung ergänzt werden müssen. Dabei ist es wichtig zu beachten, dass

---

1 Siehe margarine-institut.de, 24.5.2002, aufgeführt bei Ute Engelmann, Gender und Gesundheit, in: Paetow, Holger/Fiedler, Manfred/Leonhardt, Marion (Hrsg.) (2002): Therapien für ein krankes Gesundheitswesen, Hamburg.

2 Unveröffentlichte Analyse von Arzneimittelabrechnungsdaten zum Thema Gender Mainstreaming, Barmer Ersatzkasse, Entwurf vom 8.5.2002, aufgeführt in: ebenda.

Frauen und Männer unterschiedliche Sozialisationserfahrungen und Lebensbedingungen mitbringen und deshalb mit Gesundheit und Krankheit sowie mit Belastungen in verschiedener Weise umgehen.

Die nicht nach Geschlecht und Alter aufgeschlüsselte Dosierung von Medikamenten führt zu Fehlversorgung von Frauen, Kindern und älteren Menschen. In anderen Bereichen werden sie überversorgt. Neben Psychopharmaka bekommen Frauen häufiger Schlafmittel verordnet als Männer. Die Über- und Fehlversorgung der Frauen mit Hormonpräparaten ist fast schon sprichwörtlich. Insgesamt erhalten Frauen oft die billigeren und älteren Medikamente, dafür aber mehr. Resultat: Zwei Drittel aller Arzneimittelabhängigen sind Frauen.

Der geschlechtergerechte und geschlechterdifferenzierte Blick hat sich auch in weiteren Bereichen des Gesundheitswesens in Deutschland bislang nicht etabliert. Beim Arbeits- und Gesundheitsschutz wird der geschlechtergeteilte Arbeitsmarkt, wobei Männer eher in Führungspositionen und Frauen tendenziell mehr in Teilzeit arbeiten, nicht berücksichtigt. Ebenso wenig Beachtung findet die oft vorhandene Mehrfachbelastung durch Familienarbeit und Erwerbsarbeit in den Studien.

Am Beispiel Brustkrebs lässt sich darstellen, wie dringend eine bessere Qualitätssicherung vonnöten ist. Die gesundheitliche Versorgung dieser typischen Frauenkrankheit ist bezüglich Früherkennung, Diagnostik, Behandlung und Nachsorge in im Vergleich mit anderen hochentwickelten Industriestaaten sehr schlecht.

Durch die Aufnahme von Brustkrebs in die Disease-Management-Programme und durch die Umsetzung der europäischen Leitlinien beim Mammographie-Screening für 50-69jährige Frauen sind in jüngster Zeit erste Schritte in die richtige Richtung gemacht. Gleichwohl bedarf es einer Ausweitung der Forschung zu den Ursachen der Krankheit und zur Früherkennung – insbesondere bei unter 50jährigen Frauen. Darüber hinaus gibt es auch Männer, die an Brustkrebs erkranken – ein Umstand, der allerdings selten früh genug erkannt wird. Einmal mehr wird hier deutlich, dass eine geschlechterdifferenzierte Betrachtung im Gesundheitswesen unabdingbar ist.

Ziele und Anforderungen einer geschlechtersensiblen Gesundheitspolitik

Ziel muss deshalb sein, in

- Forschung und Lehre,
- Ausbildung und Fortbildung,
- Prävention,
- Früherkennung,

- Diagnose,
- Therapie,
- Rehabilitation und
- Nachsorge

das Prinzip des Gender Mainstreaming zu etablieren.

Gender Mainstreaming bedeutet – kurz gesagt – bei allen Entscheidungen die unterschiedlichen Lebenssituationen von Frauen und Männern zu berücksichtigen. Die konsequente Anwendung der Gender-Mainstreaming-Strategie unterstützt Forderungen nach einer auch Frauen gerecht werdenden Gesundheitsversorgung.

Das Eckpunktepapier zur Gesundheitsreform 2003 entstand unter Mitwirkung der DGB-Expertenkommission Gesundheit, der die folgenden Personen angehören:

Leni Breymaier, stellv. Vorsitzende, DGB-Bezirk Baden-Württemberg
Willi Budde, Alternierender Verwaltungsratsvorsitzender, BKK-Bundesverband
Annelie Buntenbach, Abteilungsleiterin Sozial- und Bildungspolitik, IG Bauen-Agrar-Umwelt
Christel Degen, Referatsleiterin Arbeitsmarktpolitik, Gesundheit und berufliche Bildung, Abteilung Frauenpolitik, DGB-Bundesvorstand
Beate Eggert, ver.di Bundesverwaltung, Mitglied des Vorstandes
Ursula Engelen-Kefer, stellv. Vorsitzende des Deutschen Gewerkschaftsbundes
Eike Eulen, Verwaltungsratsvorsitzender der See-Krankenkasse
Gerd Glaeske, Universität Bremen, Zentrum für Sozialpolitik
Hartmut Guenther, Bereichsleiter Verträge und Leistungsentwicklung, Techniker Krankenkasse
Ludwig Huber, Verbandsvorsitzender Arbeiter-Ersatzkassen-Verband (AEV)
Klaus Kirschner, MdB, Vorsitzender des Bundestagsausschusses für Gesundheit und Soziale Sicherung
Franz Knieps, Geschäftsführer Politik, AOK Bundesverband
Monika Knoche, Leiterin Planungsstab Gesundheitspolitik, ver.di Bundesverwaltung
Fritz Kollorz, IG BCE Hauptvorstand, Mitglied des Hauptvorstandes
Kerstin Kreuger, Referatsleiterin Gesundheitspolitik, Abteilung Sozialpolitik, DGB Bundesvorstand

Karl Lauterbach, Universität Köln, Mitglied des Sachverständigenrates für die Konzertierte Aktion im Gesundheitswesen
Eckehard Linnemann, Abteilungsleiter Sozialpolitik IG BCE Hauptvorstand, Verwaltungsratsvorsitzender Bundesknappschaft
Birgit Mickley, Referatsleiterin, Ministerium für Frauen, Jugend, Familie und Gesundheit Nordrhein-Westfalen
Margret Mönig-Raane, Stellvertretende Vorsitzende ver.di, Verbandsvorsitzende VdAK
Hans-Jürgen Müller, Alternierender Verwaltungsratsvorsitzender, IKK-Bundesverband
Bettina am Orde, IKK-Bundesverband, Abteilungsleiterin Stabsabteilung Verbandspolitik
Martin Pfaff, Internationales Institut für Empirische Sozialökonomie gGmbH
Hartmut Reiners, Referatsleiter Grundsatzfragen Gesundheitspolitik, Ministerium für Arbeit, Soziales, Gesundheit und Frauen, Brandenburg
Uwe Repschläger, Abteilungsleiter Planung und Controlling, Barmer Ersatzkasse
Rolf Rosenbrock, Wissenschaftszentrum Berlin, Mitglied des Sachverständigenrates für die Konzertierte Aktion im Gesundheitswesen
Karl-Heinz Schönbach, Leiter der Hauptabteilung Verträge, BKK-Bundesverband
Fritz Schösser, MdB, Vorsitzender des DGB-Bezirks Bayern, Alternierender Verwaltungsratsvorsitzender AOK-Bundesverband
Peter Schwoerer, MDK Baden-Württemberg
Jürgen Sendler, Referatsleiter Selbstverwaltung, Abteilung Sozialpolitik, DGB Bundesvorstand
Roland Sing, Vorsitzender des Vorstands, AOK Baden-Württemberg
Erich Standfest, Vorstand, Verband Deutscher Rentenversicherungsträger
Heinz Stapf-Finé, Leiter der Abteilung Sozialpolitik, DGB Bundesvorstand
Hans-Jürgen Urban, IG Metall Vorstand, Abteilungsleiter Sozialpolitik
Jürgen Wasem, Universität Greifswald, Lehrstuhl Gesundheitsmanagement
Norbert Weber, TRANSNET Gewerkschaft der Eisenbahner Deutschlands
Herbert Weisbrod-Frey, ver.di Bundesverwaltung, Abteilungsleiter Gesundheitspolitik